POLYMER CLAY CLASS

폴리머클레이 클래스

도림북스

폴리머클레이 클래스

1판 1쇄 펴낸 날   2023년 1월 5일

지은이   김미현, 김현수, 나영림, 라하영, 박주영, 배향화, 백란,
           안계숙, 안정은, 이나현, 이인희, 이재희, 허지혜

기획편집   신이수
디자인   김미정
작품사진   여름하스튜디오
작품스타일링 신명수

펴낸곳   도림북스
출판등록   제399-2017-000024호
블로그   blog.naver.com/dorimbooks
전자우편   dorimbooks@naver.com

ISBN   979-11-87384-23-6 13630

ⓒ김미현, 김현수, 나영림, 라하영, 빅주영, 배향화, 백란, 안계숙, 안징은, 이나현, 이인희, 이재희, 허지혜

* 이 책은 저작권법에 따라 한국 내에서 보호받는 저작물이므로 무단전재와 복제를 금합니다.
* 이 책 내용의 일부 또는 전부를 재사용하려면 반드시 저작권자와 도림북스 양측의 동의를 받아야 합니다.

POLYMER CLAY CLASS

폴리머클레이 클래스

김미현 김현수 나영림 라하영 박주영 배향화 백란
안계숙 안정은 이나현 이인희 이재희 허지혜 지음

Prologue

김미현(구름)
폴리머클레이가 있어서 삶이 더 행복했어요. 앞으로도
폴리머클레이로 기쁨과 행복을 나누며 오래오래 함께하고 싶습니다.

김현수(슈슈)
클레이와 함께하는 시간은 언제나 즐거워요. 이 책과 함께하는
여러분들도 함께 즐거움 가득하시기를 바랍니다.

나영림(다반향초)
클레이를 만나는 모든 시간들이 즐겁고 행복하고 설레는
시간들이었습니다. 너무나 멋진 경험을 하게 해주신 모든 쌤들
사랑합니다.

라하영(라하)
아무것도 하지 않았다면 후회로 남았겠죠. 경이로운 책의 여정을
함께해서 행복했습니다.

박주영(라 클레이)
책 출판이라는 도전에 닿을 수 있게 한 모든 소중한 인연들에
감사드립니다.

백란(이츠)
책 만드는 작업에 참여를 하게 되다니!! 즐겁고 감사한
시간들이었습니다. 책이 나올 때까지의 설레는 시간이 책을 만나는
사람들에게도 전해지기를 바라봅니다.

안정은(멜로우피스)
서툴게 시작했지만 그 모든 수고와 애씀은 소중하기만 합니다.
용기가 필요했던 작업을 함께해 준 인연에 감사합니다.

이나현(이나)

폴리머클레이 시침핀에 반해서 호기심으로 시작했어요. 뜻하지 않게 좋은 인연을 만나 시작된 두 번째 인생입니다. 다시금 꿈꾸고 있는 지금이 행복합니다.

안계숙(여유)

좋은 분들과 인연을 맺어 책을 출간하게 되었습니다. 함께해주신 분들께 진심으로 감사합니다. 이 책으로 많은 분들이 여유로움을 느끼셨으면 합니다.

이재희(담소)

보고 듣고 느끼고 만들어볼 수 있는 폴리머클레이와의 만남에 새로운 인연의 다리가 놓이는 시간이었습니다. 다양한 생각들이 모인 폴리머클레이 클래스에서 함께하는 행복한 시간 보내보세요.

이인희(데미)

나 혼자였으면 꿈도 못 꿨을 일이었습니다. 여러분과 함께하여 내 인생에 큰 족적 하나 남길 수 있게 되었네요. 감사합니다.

허지혜(클레이 백도씨)

나의 폴리머클레이는 오롯이 창작을 즐기는 시간입니다. 그 시간이 모여서 책 출간이라는 특별하고도 소중한 경험을 하게 되었음에, 함께할 수 있음에 감사합니다. 폴리머클레이의 매력을 느껴보세요.

배향화(수호비)

이렇게 사랑스럽고 아름다운 공예가 또 있을까요? 게다가 실용성까지 겸비하여 반영구적으로 사용할 수 있다니. 오랜 시간 폴리머클레이로 작업을 하면서도 아직도 그 매력에서 헤어 나오지 못하는 이유가 무엇인지 물으면 '표현의 무한 가능성'이라고 답할 만큼 폴리머클레이 작업은 지루할 틈이 없습니다.
폴리머클레이의 매력에 빠진 프로페셔널 13인이 모여 누구나 쉽고 재미있게 그리고 아름다운 작품을 만들 수 있도록 노력한 이 책이 독자들에게 잘 전달되기를 희망해봅니다.

Contents

폴리머클레이란	10	케인 만들기 전 알아두기	20
폴리머클레이의 기초	14	작품 만들기 전 알아두기	26

01 꽃 귀걸이	34	08 X케인	67
02 스퀘어 패턴 브로치	40	09 사방 케인	69
03 체인지 케인 귀걸이	44	10 티 매트	72
04 가죽 카네이션 브로치	50	11 괭이밥 꽃 케인	76
05 캔디플라워 링	54	12 괭이밥 잎 케인	82
06 파스텔 원석 팔찌 I, II	59	13 배추흰나비 케인	85
07 풍차 케인	64	14 The shining soul 브로치	90

15	이니셜 tag	96	25	눈꽃 백설공주 Level Ⅱ	138
16	테라조 문양 태슬 키링	100	26	별빛 인어공주 Level Ⅲ	142
17	구르미 피어싱&귀걸이 정리대	104	27	엉뚱한 상상	146
18	크리스마스 마그넷	108	28	나는, 꽃	149
19	가죽 트리 무드등	114	29	부리부리 왕눈이	154
20	가죽 핼로윈 리본	118	30	보고 또 보고, 모빌	158
21	따뜻함을 품은 코바늘&니들 마인더	122	31	조각보 케인	162
22	애정을 머금은 액자	126	32	꽃 수놓은 타래버선	166
23	수채화 단추	129	33	알록달록 색동배자	170
24	동글동글 앨리스 Level Ⅰ	132	34	썬캐처	174

35	Character Mouse	178	40	미니 커피하우스	204
36	Character Tiger	183	41	레일 펜스 패턴케인	210
37	Character Rabbit	188	42	심섹 스트라이프 패턴케인	214
38	사각사각 쉐이커 카드	194	43	모던 타일 패턴케인	219
39	눈 오는 겨울밤	200			

BASICS
기초를 다지다

폴리머클레이란

폴리머클레이의 기초

케인 만들기 전 알아두기

작품 만들기 전 알아두기

폴리머클레이란

1 폴리머클레이(Polymer clay)

폴리머클레이(polymer clay)란 합성수지 점토 또는 고분자 점토로, 폴리염화비닐(PVC)을 주성분으로 한 아주 고운 입자의 점토다. 색상이 다양하고 점토와 점토 간의 자연스러운 색 혼합이 가능하여 섬세한 표현과 완성도 높은 작품을 만드는 데 효과적이다.

폴리머클레이의 특징은 유성 화학 합성물질이기 때문에 공기 중에서 자연건조가 되지 않고 반드시 전용 오븐에서 열을 가해 구워야 한다는 점이다. 사용하고 남은 클레이는 랩이나 비닐 팩에 보관해두면 언제든 사용 가능하기 때문에 제작과 보관이 편리하다.

폴리머클레이로 만들면 내수성과 내구성이 뛰어나다. 변형 없이 오래도록 보존이 가능하기 때문에 액세서리, 미니어처, 인테리어 소품, 클레이메이션, 예술작품 등을 다양하게 만들 수 있다. 일상생활에서의 활용도가 무궁무진한 재료가 바로 폴리머클레이다.

2 케인(Cane)

케인(cane)이란 유리공예 가공법 중 하나인 밀레피오리(Millefiori) 기법을 응용하여 문양을 만드는 기법이다. 폴리머클레이로 색색의 기둥을 만들고 조합하여 길게 막대 형태로 늘인 것을 말한다. 이 막대 형태의 케인 단면을 자르면 롤케이크나 김밥을 잘랐을 때처럼 일정한 문양이 반복적으로 나타나는데, 이러한 문양으로 다양한 작품을 만들 수 있다.

3 폴리머클레이 기초 용어

- 기둥 : 클레이를 반죽하여 긴 형태로 만든 것
  (원기둥, 삼각기둥, 사각기둥, 꽃잎 기둥, 중심 기둥, 바탕 기둥, 부채꼴 기둥 등)
- 다이얼 : 클레이 머신 옆에 있는 두께조절기로, 1~9단계로 시트의 두께 조절 가능
- 롤링 : 클레이를 바닥에 놓고 손바닥으로 굴림
- 밑구슬 : 칩을 붙이기 위해서 만든 구슬
- 세로선 : 케인을 조합할 때 보이는 기둥의 세로 줄무늬
- 슬라이스 : 칼로 케인의 단면을 얇게 자름
- 시트 : 밀대나 클레이 머신을 사용하여 클레이를 동일한 두께로 편 것
- 시트 감기 : 시트로 기둥을 감음
- 시트 덮기 : 시트로 기둥의 한쪽 면만 덮음
- 자투리 : 케인을 늘였을 때 뭉개진 양쪽 가장자리를 잘라낸 것
- 점도 : 클레이가 단단하고 무른 정도
- 중심선 : 케인을 조합할 때 보이는 기둥 중심의 선
- 칩 : 케인을 칼로 슬라이스 하였을 때 얻게 되는 단면 문양 조각
- 칩 시트 : 넓게 편 시트 위에 슬라이스한 얇은 칩을 빼곡하게 붙인 것
- 케인 : 색색의 기둥을 만들고 조합하여 길게 막대 형태로 늘인 것(원 케인, 사각 케인, 육각 케인 등)
- 코일링 : 두 가지 색상이나 그 이상의 클레이를 길게 꽈배기처럼 서로 꼬아줌

폴리머클레이란

4 폴리머클레이 재료와 도구

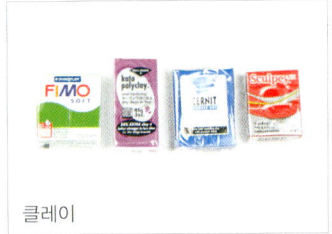
클레이

폴리머클레이 전용 칼

작업 매트

밀대

클레이 머신

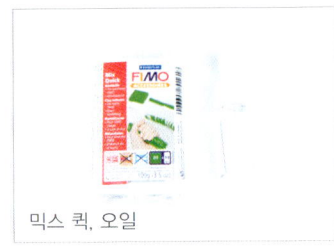
믹스 퀵, 오일

스텐봉

도트봉

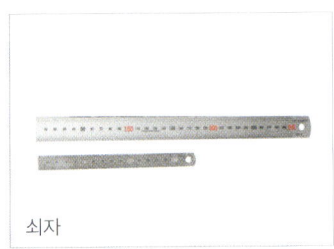
쇠자

디자인 칼

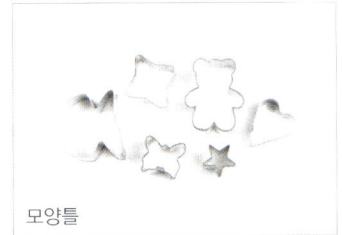
모양틀

다양한 텍스처 표현 도구들

랩

순간접착제

전자저울

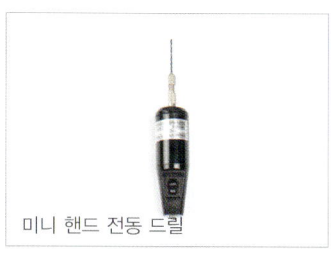
미니 핸드 전동 드릴

전용 오븐

- **클레이** : FIMO, CERNIT, Sculpey Premo 등 다양한 제품이 있다.
- **폴리머클레이 전용 칼** : 클레이를 자를 때 사용하는 칼로, 문양에 따라 다양하게 사용한다. 직선 칼, 곡선 칼, 물결 칼 등이 있다.
- **작업 매트** : 클레이를 만들 때 클레이가 묻는 것을 방지하기 위해 흰색 타일, 유리판, A4용지, 방안지 등을 깔고 작업한다.
- **밀대** : 클레이를 반죽하거나 평평하게 펼 때, 케인을 늘일 때 사용하면 유용하다.
- **클레이 머신** : 클레이를 동일한 두께로 평평하고 넓게 펼 때, 반죽할 때, 그러데이션 기법을 표현할 때 사용한다.
- **믹스 퀵, 오일** : 클레이가 단단해서 반죽이 어려운 경우 믹스 퀵이나 오일을 조금 섞어서 사용한다.
- **스텐봉** : 비즈에 구멍을 뚫을 때, 비즈를 줄줄이 꿰어서 오븐에 구울 때 사용한다. 스텐봉이 없으면 이쑤시개, 와이어, 빨대 등으로 대체해서 사용해도 좋다.
- **도트봉** : 클레이 표면을 다듬을 때, 단추의 구멍을 뚫을 때 사용한다.
- **쇠자** : 자는 쇠로 된 자를 사용하는 것이 좋다. 15cm, 30cm 두 가지 자를 사용하면 편리하다.
- **디자인 칼** : 클레이를 자유로운 형태로 자를 때 사용한다.
- **모양틀** : 클레이에 다양한 모양을 찍는 틀로, 케인과 액세서리를 만들 때 유용하다.
- **다양한 텍스처 표현 도구들** : 원단, 레이스, 사포, 칫솔, 쇠솔, 벽지 등으로 작품에 질감을 표현할 때 사용한다.
- **랩** : 사용하고 남은 클레이를 랩으로 감싸서 보관하거나 작품에 묻어있는 지문을 없애는 용도로 사용한다.
- **순간접착제** : 우레탄 줄을 마감할 때, 액세서리 부자재를 붙일 때 사용한다. 붓 형태의 제품을 사용하면 편리하다.
- **전자저울** : 반드시 필요하지는 않으나 좀 더 정확한 측정을 원할 때는 유용하다.
- **미니 핸드 전동 드릴** : 단춧구멍을 좀 더 깔끔하게 뚫고 싶을 때 사용한다. 드릴 날을 교체하여 단춧구멍을 다양한 크기로 뚫을 수 있다.
- **전용 오븐** : 폴리머클레이 작품을 구울 때는 전용 오븐이 필요하다. 일반 가정에서 사용하는 저렴한 토스트용 오븐도 사용 가능하다. ★전자레인지는 사용 금물!

구입처

화인센터 www.finecenter.co.kr

크라메 www.crama.co.kr

아이디어스 https://smartstore.naver.com/idus

피모나라 https://smartstore.naver.com/fimonara

폴리머클레이의 기초

1 작품에 사용한 클레이

이 책에서는 피모, 스컬피 프레모, 써닛 3가지 클레이를 사용하여 작품을 만든다.

FIMO		Sculpey Premo	CERNIT
⟨SOFT⟩	⟨PROFESSIONAL⟩		
총 56g, 8칸 1칸에 약 7g	총 85g, 8칸 1칸에 약 10g	총 57g, 4칸 1칸에 약 14g	총 56g, 칸 없음. 칼로 8칸 나눠 사용. 1칸에 약 7g

FIMO 클레이는 PROFESSIONAL, SOFT, EFFECT, LEATHER EFFECT 4가지 라인이 있다.

PROFESSIONAL
세 가지 라인 중에서 가장 단단하여, 케인 만들기 등 섬세한 작업에 좋다.

SOFT
부드럽고 반죽이 쉬워 누구나 쉽게 사용 가능하다.

EFFECT
반투명, 반짝이, 야광, 스톤, 메탈릭 등 다양한 효과를 표현할 수 있다.

LEATHER EFFECT
구워도 말랑말랑 하여 점토만으로 가죽 효과를 낼 수 있다.

2 클레이 반죽방법

클레이는 유리판이나 타일 위에서 반죽하는 것이 편리하며(휴지나 물티슈로 닦아서 사용), 밝은 색 클레이부터 반죽하는 것이 좋다.

손 반죽

클레이를 한 칸씩 잘라서 손바닥의 온기로 부드럽게 한 후 매트 위에서 롤링하여 반죽한다. 덩어리가 남지 않게 반죽을 충분히 하지 않으면, 구운 후에 갈라짐 현상이 생길 수 있다.
★ 클레이 머신으로 반죽할 때는 손으로 어느 정도 반죽한 후에 넣어야 머신 사이에 클레이 찌꺼기가 덜 끼어요.

코일링 기법

두 가지 색 이상의 클레이를 혼합할 때는 꽈배기처럼 클레이를 꼬아가면서 롤링하여 반죽한다.

밀대

클레이를 한 칸씩 잘라 밀대로 눌러 밀어서 반죽하기도 한다.

TIP

많은 양의 클레이 반죽에는 믹서 사용

많은 양의 클레이를 반죽할 때는 믹서를 사용하기도 한다. 폴리머클레이를 조금씩 떼어서 믹서에 넣고 갈면 가루가 되는데, 이 가루를 모아서 타일 위에서 손으로 반죽한다. 미세한 가루 날림이 있으므로 마스크를 착용하는 것이 좋다. 이때 믹서는 클레이 반죽용으로만 사용해야 한다.

폴리머클레이의 기초

3 클레이 점도 조절방법

케인을 만들 때는 클레이의 점도를 반드시 동일하게 맞춰야 한다. 그렇지 않으면 케인을 늘일 때 문양이 찌그러지기 때문이다. 클레이의 점도는 제조사, 출시된 기간, 색상별, 온도와 계절(여름, 겨울)에 따라 다르다. 클레이가 무르면 반죽하기는 쉬우나 케인의 단면을 자를 때 찌그러지는 단점이 있다. 반대로 클레이가 단단하면 반죽하기는 힘이 드나 케인의 단면이 깔끔하게 잘리는 장점이 있다.

클레이의 점도에 따른 케인의 변화

● 클레이 2가지 색의 점도가 동일한 경우   ▲ 흰색 클레이가 무른 경우

바람개비 케인을 만들 경우 클레이 색 2가지가 필요하다. 이때 2가지 클레이의 점도가 같을 경우에는 케인을 늘였을 때 문양이 반듯하게 늘어나지만(●), 점도가 다를 경우에는 문양이 찌그러지면서 늘어난다(▲). 특히나 삼각 케인, 사각 케인 등의 직선 케인이나 캐릭터 케인을 만들 때는 클레이의 점도에 더 신경을 써야 한다. 클레이의 점도가 다르면, 다음과 같은 방법을 사용한다.

클레이가 심하게 무른 경우(여름)

 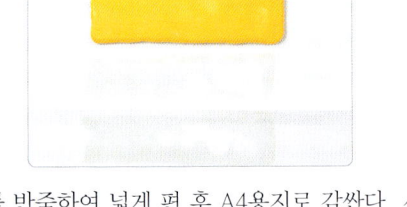

클레이가 심하게 물러서 끈적거리는 경우에는 클레이를 반죽하여 넓게 편 후 A4용지로 감싼다. 시간이 지나면 종이에 오일이 묻어나는데 단단하게 하고 싶은 정도에 따라 시간을 늘리거나 종이를 교체하면서 오일을 뺀 후 다시 반죽하여 사용한다.

클레이가 심하게 단단할 경우(겨울)

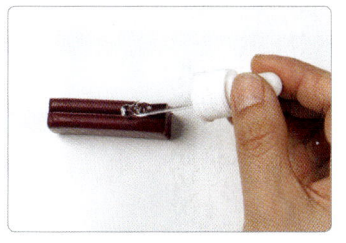 

클레이가 심하게 단단할 경우에는 베이비오일이나 믹스퀵을 클레이에 소량 첨가하여 반죽한다. 오일을 1~2방울 혼합하여 클레이의 점도를 확인하며 반죽한다.

4 칼 사용방법

칼의 종류

직선 칼, 곡선 칼, 물결 칼 3가지 종류가 있으며, 폴리머클레이 블레이드(polymer clay blade)라고도 한다.

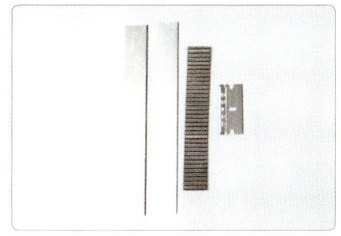

- 직선 칼 : 클레이를 반듯하게 자를 때, 클레이를 자르고 다질 때 사용한다.
- 곡선 칼 : 크게 휘는 성질을 갖고 있어서 휨 칼이라고도 하며, 곡선 모양으로 자를 때 사용한다.
  * 케인을 슬라이스 할 때도 사용해요.
- 물결 칼 : 단면을 잘랐을 때 물결 문양의 효과를 낼 수 있다.

이외에 지름의 크기가 작은 케인의 단면을 자를 때, 아이들과 함께 작업을 할 때는 도루코 칼을 사용하기도 한다.

폴리머클레이 블레이드에는 손잡이가 없기 때문에 칼날을 잡고 사용하지 않도록 특별히 주의해야 한다. 반복 사용으로 칼날이 무뎌지면 입자가 조밀한 사포(800~1000)에 문질러서 사용한다.

폴리머클레이의 기초

칼 잡는 방법

• 일반적인 경우

• 케인이 큰 경우

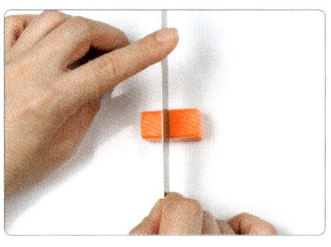

칼의 옆면을 엄지와 검지로 잡고, 다른 손의 검지를 칼 등 위에 올려 양손에 힘을 주며 자른다.

케인의 크기가 큰 경우는 칼의 양 끝을 잡고 자른다.

케인 자르는 방법

칼과 바닥이 90°가 유지되도록 하며, 잘려지는 케인의 두께가 동일한지를 살피며 천천히 한 번에 자른다.

*톱으로 써는 것처럼 자르면, 잘려진 단면이 깔끔하지 않아요.

사선 각도로 자르는 습관이 들지 않도록 칼을 곧게 내리는 연습을 충분히 해야 한다.

5 클레이 머신 사용방법

클레이 머신은 클레이를 일정한 두께로 펼 때(시트를 만들 때) 사용하는 도구다. 구입하고 처음 사용할 때는 롤러에 기름기가 묻어있기 때문에 휴지로 닦아야 하며, 사용 후에도 롤러 틈새를 깨끗이 닦아 클레이 찌꺼기를 제거해야 한다. 이때 물티슈로 닦으면 녹이 슬 수 있기 때문에 휴지나 마른걸레를 사용하는 게 좋다.

클레이 머신에는 시트의 두께를 조절할 수 있는 두께 조절 다이얼이 있는데, 머신의 제조사에 따라 두께 조절 방법이 다르다. FIMO 클레이 머신에는 1번부터 9번까지의 두께 조절 다이얼이 있으며, 숫자가 커질수록 시트의 두께가 얇아진다.

6 그러데이션 기법

  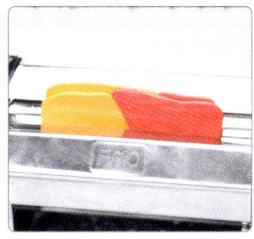 

01 두 가지 색상의 클레이를 손으로 펴서 붙인 다음 클레이 머신(다이얼 ①)에 넣고 돌린다.

02 머신에서 꺼내 가로 방향으로 반 접는다.

03 접은 클레이를 다시 머신(다이얼 ③~⑤)에 넣고 돌린다.

04 01~03을 10~20회 반복하여 그러데이션이 자연스러우면 멈춘다.

05 가로 방향으로 길게 눕히고, 위와 아래를 접어 반 듯하게 다듬는다.

06 양손으로 잡고 두께를 동일하게 만든다.

07 클레이 머신(다이얼 ①~③)에 길게 세로로 넣고 돌린다.

08 길게 늘어난 그러데이션 클레이를 바닥에 넓게 펴고, 부채 접기 또는 중심 말기 한다.

부채 접기

09 08의 한쪽 끝에서부터 지그재그로 부채 접기 하여 사각기둥이나 원기둥으로 만든다.

중심 말기

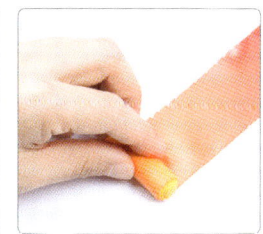 

09 08의 한쪽 끝에서부터 끝까지 동그랗게 말아 원기둥을 만든다.

케인 만들기 전 알아두기

1 케인 만들기 전 준비사항

① 손을 깨끗이 씻고 책상 주변의 먼지를 닦는다.

② 반투명 클레이(E 014)나 흰색 클레이(P 0)를 콩알만큼 떼어 손가락 지문의 먼지와 테이블을 닦고 작업하면, 좀 더 깔끔한 환경에서 케인을 만들 수 있다.

③ 밝은 색 클레이부터 반죽한다.

④ 클레이의 점도는 모두 동일하게 준비해놓는다.

⑤ 클레이에 털이 묻지 않도록 니트류의 옷은 입지 않도록 한다.

⑥ 이 책에서는 작업 매트로 타일과 A4용지(방안지)를 사용했다.
*투명파일 속에 방안지를 넣고 매트로 사용해도 좋아요.

2 클레이 롤링 방법

클레이를 길게 늘일 때는 바닥에 놓고, 손바닥의 평평한 면으로 굴린다. 원기둥의 굵기가 균일하게 늘어날 수 있게 롤링하는 연습을 꾸준히 하도록 한다.

01 원기둥을 만든다.

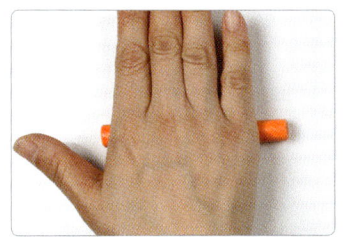

02 손바닥으로 원기둥의 중심부에서 양쪽 끝 방향을 향해 천천히 굴려서 동일한 굵기의 원기둥을 만든다.

3 클레이 머신으로 시트 만드는 방법

시트 만드는 방법

머신으로 시트를 넓게 펴기 위해서는 원하는 크기보다 약간 작은 크기로 손 반죽을 한 후에 머신에 넣고 돌려야 한다(손 반죽할 때 시트의 두께는 약 0.3 cm 정도가 적당하다).

*시트를 만들 때 갈라진 테두리를 잘라내야 하므로 필요량보다 조금 더 넉넉하게 준비하는 것이 좋다.

- 가로로 긴 직사각형 시트를 만드는 경우
  (→ : 머신에 넣을 때 시트의 방향)
- 정사각형 시트를 만드는 경우

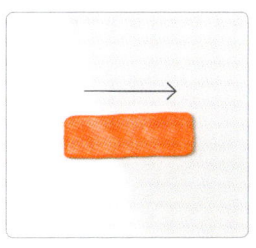
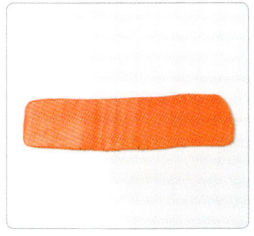
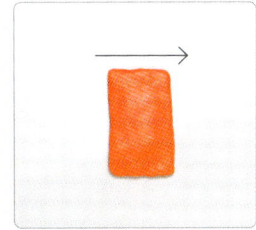

시트 두께 조절방법

얇은 두께의 시트를 만들 때는 처음부터 얇은 두께의 다이얼에서 돌리지 말고, 다음과 같은 단계로 만든다.

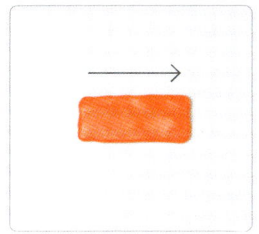
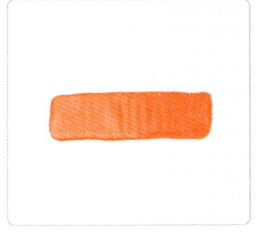
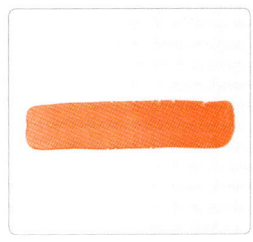

01 클레이를 두께 약 0.3 cm 정도의 직사각형으로 넓게 편다.

02 클레이 머신의 다이얼을 1에 놓고 손잡이를 돌리시 두꺼운 시트를 만든다.

03 다이얼 3~5에 놓고, 중간 두께의 시트를 만든다.

04 다이얼 6~9에 놓고 얇은 시트를 만든다.

케인 만들기 전 알아두기

4 시트 감기 방법

01 시트를 넓게 펴고 기둥을 시트 위에 올린다.

02 기둥의 높이를 따라 시트를 일직선으로 자른다.

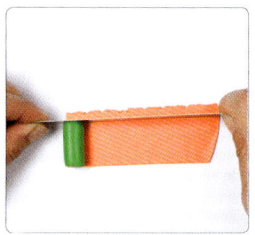
03 시트의 위, 아래를 기둥과 평행하게 자른다.

04 시트를 천천히 말아 감는다.

05 기둥이 다 감긴 지점에서 살짝 눌렀다가 떼어내면 시트에 선이 그어진 것을 볼 수 있다.

06 선을 따라 자른다.
* 시트가 두꺼울 때는 그어진 선보다 살짝 안쪽으로 잘라주는 것이 좋아요.

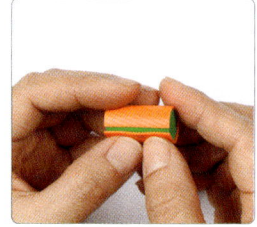
07 시트의 길이가 기둥 둘레에 맞는지 확인하고 붙인다.

08 깔끔하게 다듬는다.

5 시트 덮기 방법

01 시트 덮기를 할 기둥의 위치에 칼을 수직으로 내려서 자른다.

02 자른 면을 시트 위에 엎은 후 사방을 반듯하게 자른다.

03 자른 2개의 기둥을 다시 마주보게 놓는다.

04 아래에서부터 위로 조합한다.

6 원기둥을 변형하여 늘이는 방법

삼각기둥으로 길게 늘이는 방법

  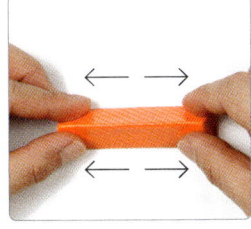 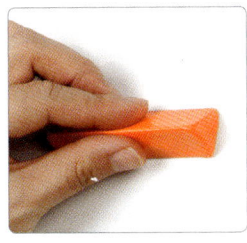

01 원기둥을 바닥에 눕혀서 윗면을 뾰족하게 다듬는다.

02 원기둥을 굴리며 총 3개의 모서리를 잡아 삼각기둥을 만든다.

03 두 손으로 기둥의 중심부에서 양 끝 방향으로 힘을 가해 누르면서 원하는 길이만큼 길게 늘인다.

04 두 손가락으로 모서리를 가볍게 잡고 좌우로 움직이며 문질러서 반듯하게 다듬는다.

사각기둥으로 길게 늘이는 방법

  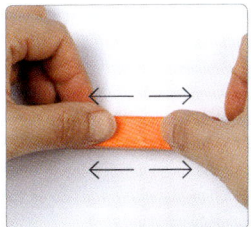 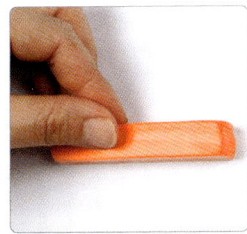

01 원기둥을 두 손으로 엇갈려 잡고 사각기둥을 만든다.

02 사각기둥을 바닥에 눕히고 모서리를 반듯하게 다듬는다.

03 사각기둥 윗면의 중심부에서 양 끝 방향으로 힘을 가해 누르면서 길게 늘인다.

04 각각의 모서리와 면이 반듯해지도록 부드럽게 문지르며 각을 잡는다.

케인 만들기 전 알아두기

7 기둥(케인) 분할하는 방법

 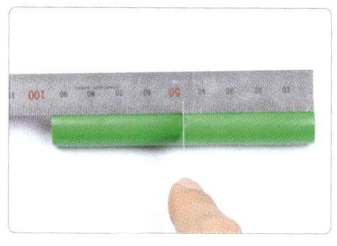 

01 기둥(케인)을 길게 롤링한 후에 뭉개진 양쪽 끝부분을 수직으로 잘라낸다.

02 기둥 위에 자를 올려놓고 분할하는 지점에 칼끝으로 표시한다.

03 표시한 곳에 칼을 올려서 수직으로 자른다.

8 기둥을 세로로 분할하는 방법

원기둥 4등분

  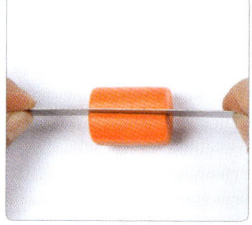 

01 원기둥의 윗면에 4등분선을 긋는다.

02 4등분선을 기둥 밑면까지 연결해서 그어준다.

03 그은 선을 따라서 칼을 천천히 내리며 2등분한다.

04 2등분한 원기둥을 눕힌 후에 선을 따라서 다시 2등분한다.

사각기둥 4등분

01 사각기둥의 윗면과 밑면에 4등분선(대각선 방향)을 긋는다.

02 기둥의 윗면에서부터 양쪽 모서리를 따라 칼을 천천히 내려서 2등분한다.

03 자르면서 찌그러진 삼각기둥을 처음의 높이만큼 다듬는다.

04 2등분한 삼각기둥을 엎어놓고, 윗면과 밑면에 그려진 선을 따라 다시 2등분한다.

9 기둥끼리 조합하는 방법

기둥은 아래에서 위로 곧게 조합해야 하며, 반드시 케인의 윗면과 밑면을 번갈아 보면서 문양이 정확하게 조합되었는지 확인해야 한다.

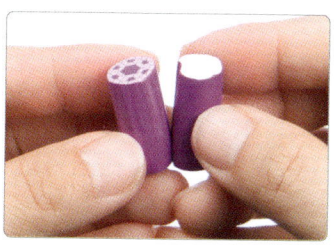

원기둥 조합
원기둥을 조합할 때는 원기둥의 아래에서 위로 곧게 붙인다.

각기둥 조합

01 각기둥 케인을 늘이면 세로선이 비뚤어지는데, 이때는 케인을 옆으로 눕힌다.

02 비뚤어진 세로선들을 좌우로 움직여서 반듯하게 다듬는다.

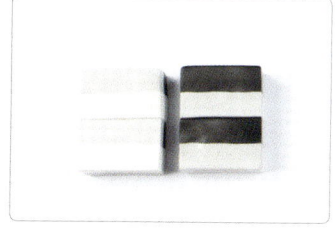

03 마주보는 기둥의 세로선이 수평이 되는지 확인한다.

04 세로선이 일치하게 맞물리는지 끝까지 확인하며 아래에서 위로 조합한다.

05 각기둥 조합을 완성한다.

작품 만들기 전 알아두기

1 케인 늘이는 방법

케인은 원형, 삼각형, 사각형, 육각형 등의 다양한 형태로 만들 수 있으며, 완성한 케인을 늘일 때는 케인의 중심 부분부터 시작하여 양 끝 방향으로 늘인다.

원형 케인 늘이는 방법

01 케인의 가운데 부분을 양손으로 잡고 케인의 중심부까지 힘이 전달되도록 힘주어 누른다(장구 모양처럼 만든다).

02 점차 가장자리로 옮기며 양쪽 끝을 가운데와 동일한 굵기로 늘인다.

03 바닥에 놓고 손바닥으로 굴려서 울퉁불퉁 해진 케인을 매끈하게 다듬는다.

각이 있는 케인 늘이는 방법

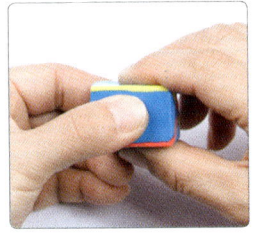 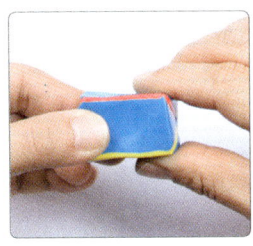 

01 각기둥의 중심부를 두 손으로 엇갈려 잡고 힘을 주어 누른다.

02 점차 가장자리로 두 손을 옮겨가며 양쪽 끝을 가운데와 동일한 두께로 늘인다.

03 바닥에 놓고 케인 모서리의 각을 반듯하게 다듬으며 01~03 과정을 반복한다.

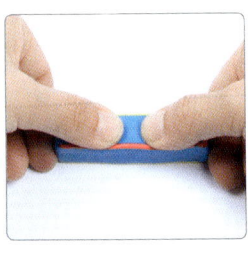 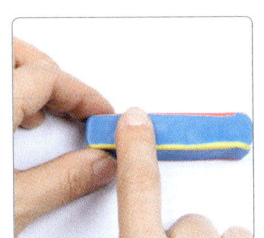

04 바닥에 눕힌 채로 케인의 면을 고르게 누르고, 문지르듯이 쓸어주어 평평하게 다듬는다.

* 클레이 롤링 방법(20쪽)과 원기둥을 변형하여 늘이는 방법(23쪽)으로도 케인을 늘인다. 각이 있는 케인을 늘일 때는 반드시 모서리의 각을 잡아주면서 늘여야 한다.

2 케인의 지름을 다양하게 만드는 방법

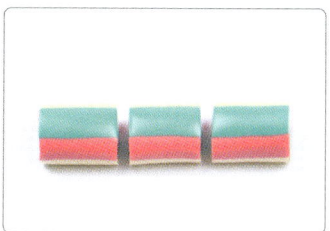

01 케인을 나눈다.

02 각각 필요한 지름의 길이로 케인을 롤링한다.

03 케인을 랩으로 감싸서 상자에 보관한다.

*완성한 케인은 시간이 지날수록 단단해져서 단면을 자를 때 갈라지는 현상이 발생한다. 이런 경우 케인을 손바닥으로 가볍게 감싸고 온기를 가한 후 길게 늘어서 사용한다.

3 비즈에 구멍 뚫는 방법

01 비즈를 가볍게 잡고 봉을 살살 돌리면서 구멍을 뚫는다.

02 바닥에 봉이 닿으면 봉을 돌려서 빼낸다.

03 봉을 넣었던 반대편 홈에 다시 봉을 넣고 구멍을 마저 뚫는다.

04 비즈를 스텐봉에 꽂은 채로 오븐에 넣고 굽는다.

작품 만들기 전 알아두기

4 작품에 질감을 표현하는 방법

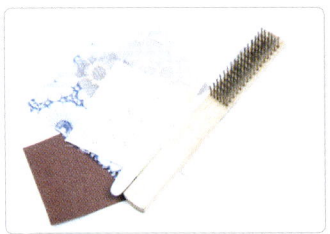

01 칫솔, 원단, 레이스, 사포, 나뭇잎, 장판, 벽지 등 생활에서 질감을 표현할 수 있는 텍스처 도구들을 모은다.

02 여러 가지 텍스처 도구들을 클레이 시트 위에 찍어보면서 나만의 텍스처를 찾아본다.

03 단추나 칩 시트를 만들고 오븐에 굽기 전에 텍스처 도구로 질감을 표현해본다.

04 종이포일 사이에 칩을 넣고 다듬으면 지문을 남기지 않고 비즈의 앞면과 뒷면을 평평하게 만들 수 있다.

5 랩을 효과적으로 사용하는 방법

01 칩을 랩으로 덮고 그 위에 텍스처를 표현하면 작품에 이물질이 달라붙지 않아서 좋다.

02 손가락에 랩을 감싼 후에 다듬으면 지문이 남지 않는다.

6 비즈를 구울 때 필요한 거치대 만드는 방법

쿠킹포일을 이용하는 경우

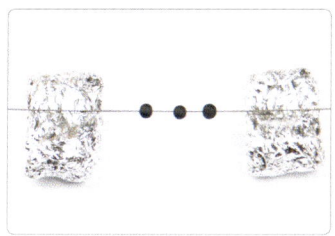

쿠킹포일을 사각기둥 형태로 접어서 사용한다.

자투리 클레이를 이용하는 경우

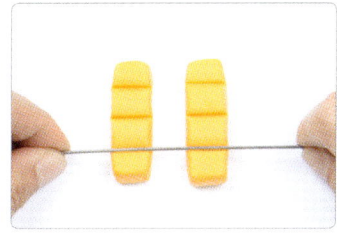
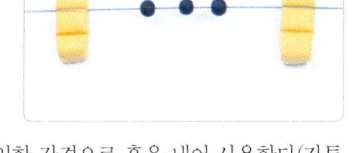

클레이로 사각기둥을 2개 만들고 동일한 간격으로 홈을 내어 사용한다(자투리 클레이를 활용하면 좋다).

이쑤시개를 이용하는 경우

클레이(쿠킹포일도 가능)로 사각기둥을 만들고 이쑤시개로 홈을 뚫어서 사용한다.

A4용지를 이용하는 경우

A4용지를 부채 접기하여 사용한다.

작품 만들기 전 알아두기

7 오븐 사용방법

폴리머클레이를 굽는 오븐으로는 FIMO 전용 오븐과 가정에서 사용하는 토스트용 오븐이 있다. 오븐을 구입할 때는 시간과 온도를 조절하는 2개의 다이얼이 있는지를 확인하도록 한다(전자레인지 사용 금물).

클레이 겉포장에는 클레이 굽기에 알맞은 온도와 시간이 적혀 있다. 하지만 클레이를 굽는 장소와 오븐의 화력에 따라 다소 차이가 있을 수 있으므로 작품을 굽기 전에 다음과 같은 방법으로 테스트하도록 한다.

01 겉포장에 굽는 온도와 시간이 적혀있다(110℃, 30분).

02 자투리 클레이를 오븐에 넣어서 적정 온도와 시간을 테스트한다.

03 A4용지 사이에 작품을 넣고 오븐에 굽는다.

04 오븐에서 꺼내 식힌 다음, 두 손으로 잡고 휘어본다.

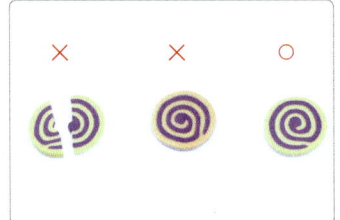

- 이때 클레이가 부러졌다면 덜 구워진 것이다(온도나 시간을 조금씩 높이면서 테스트한다).
- 색이 누렇게 변하거나 광택이 나면서 밑면의 종이가 들러붙었다면 과하게 구워진 것이다(온도나 시간을 낮추면서 테스트한다).
- 타지 않고 휘어도 부러지지 않으면 굽기에 적당한 온도와 시간이다.

*금속 빈제품, 큐빅, 나무, 종이 등은 클레이와 함께 굽는 것이 가능하나 플라스틱 제품은 클레이와 같이 구울 수 없어요.

🔖 TIP
용량이 큰 오븐 사용방법

FIMO 폴리머클레이 전용 오븐(18L)   미니 오븐(12L)

크기가 큰 용량의 오븐일 경우 화력이 강하기 때문에 열선 조절 다이얼로 화력의 세기를 조절할 수 있게 되어 있다. 적정한 온도와 시간을 테스트할 때는 열선의 위치를 위나 아래 중 한 곳에만 설정한 다음 작품을 열선에서 먼 위치에 놓고 시작하도록 한다.

ACCESSARY
아름다움을 한 스푼 더하다

01 꽃 귀걸이

02 스퀘어 패턴 브로치

03 체인지 케인 귀걸이

04 가죽 카네이션 브로치

05 캔디플라워 링

06 파스텔 원석 팔찌 Ⅰ, Ⅱ

07 풍차 케인

08 X케인

09 사방 케인

10 티 매트

11 괭이밥 꽃 케인

12 괭이밥 잎 케인

13 배추흰나비 케인

14 The shining soul 브로치

심플한 한 송이의 꽃이 플라워패턴으로
피어나는 예쁜 꽃케인!
마치 정원에 있는 듯한 싱그러움이 느껴지는
귀걸이에요.

박주영 작가

01 꽃 귀걸이

준비 FIMO 클레이
   1 P210(1칸)
   2 P0(3칸)
   3 P57(1칸)
   4 P0(3.5칸)
자, 1.5cm 원형틀, 곡선 칼, 랩, 사포 또는 스펀지, 귀걸이후크 또는 침 1쌍, 3mm 오링 4개, 핀바이스

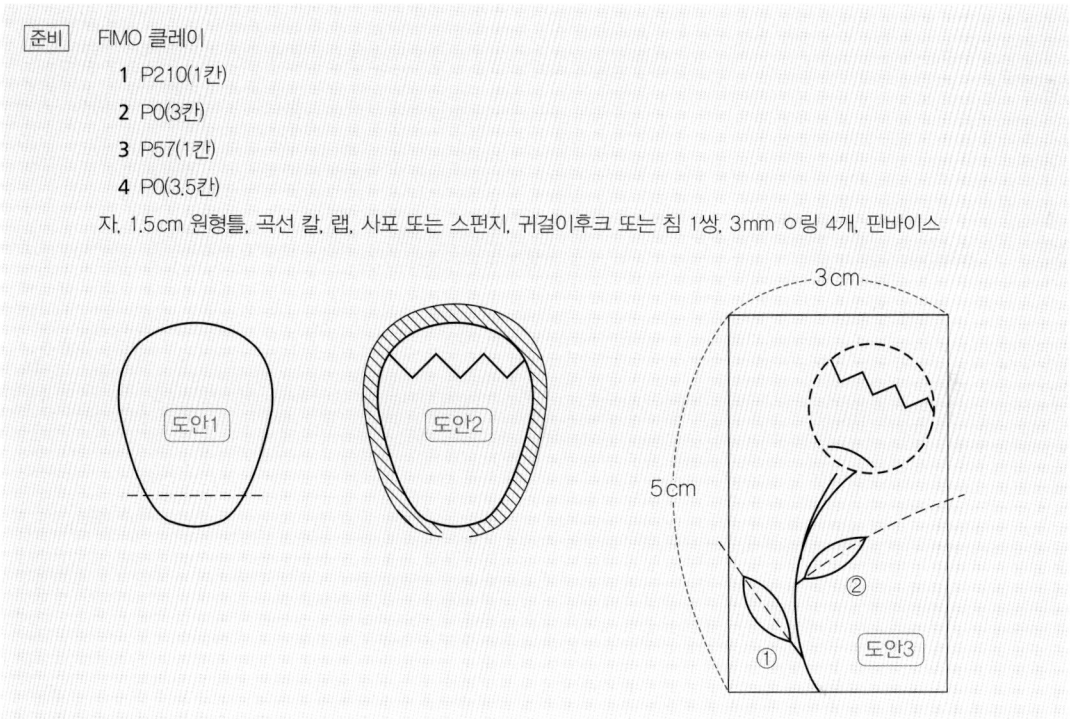

TIP
직선 칼은 휠 때 부러질 염려가 있으므로 곡선 칼을 이용하는 것이 좋다.

1 1번 클레이로 높이 약 1.5cm인 원기둥을 만든 다음 도안과 같이 꽃잎 기둥을 만든다(도안1).

2 꽃잎 기둥 윗부분을 삼각형 모양으로 뾰족하게 3~4개 정도 자른다(도안2).

3 2번 클레이로 높이 1.5cm인 사각기둥을 만들어 삼각형으로 자른 다음 꽃잎 기둥 빈곳을 채우고 칼로 다듬는다.

4 꽃잎 기둥 아랫부분을 수평으로 반듯하게 자른 후 3번 클레이로 높이 1.5cm인 꽃받침 기둥을 만들어 붙인다(도안1 점선).

5 2번 클레이로 시트(다이얼 7)를 만들어 꽃받침 기둥의 중심부분 약 0.5cm를 빼고 시트 감기 한다.

*22쪽 시트 감기 참조

6 꽃잎 기둥을 지름 2cm가 되도록 늘이고 높이 1.5cm로 사른다.

※ 8에서 원형틀로 구멍을 뚫으면 크기가 살짝 늘어나기 때문에 꽃잎 기둥의 지름을 원형틀 지름보다 크게 준비해야 한다.

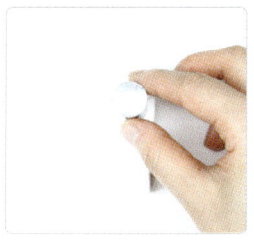   

7 4번 클레이로 사각기둥(3×5cm, 높이 1.5cm)을 만들고 지름 1.5cm 원형틀로 꽃잎 위치를 표시한다.

8 곡선용 칼을 휘어 수직으로 내려 자른 후 원형틀로 꽃잎 위치에 구멍을 낸다(도안 3).

  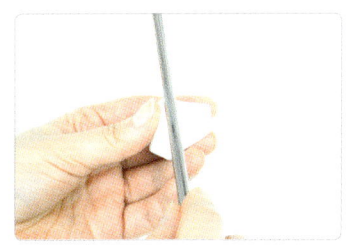

9 나뭇잎 위치 부분을 칼로 살짝 표시한 후 수직으로 자르고 손이나 빨대 또는 둥근 봉으로 홈을 만든다(도안3 ① ② 참고).

10 3번 클레이로 나뭇잎 기둥을 만들고 사진과 같이 줄기에 맞닿는 나뭇잎 부분이 살짝 보이게끔 홈에 끼운다.

11 3번 클레이로 1.8×3.5cm인 시트(다이얼 1)를 만들고, 시트의 두께가 밑으로 갈수록 얇아지게 누른다(얇은 곳이 뿌리 쪽).

12 꽃잎 기둥, 줄기를 사각기둥에 도안3과 같이 조합한다.

13 사각기둥을 6cm로 늘인 후 1.5cm씩 4등분한다.

14 사각기둥의 바탕 흰색 부분을 사방 약간씩 잘라내고 케인을 사진과 같이 배열한다.

15 남은 2번 클레이로 높이 1.5cm인 사각기둥을 만들어 빈곳을 모두 채우고 꽃패턴 케인을 완성한다.

16 케인의 단면이 1.2×1.5cm 정도 나오게끔 늘인 후, 케인을 0.2cm 두께로 잘라 칩을 4개 만든 다음 사진과 같이 붙인다.

17 칼끝으로 경계선을 매끄럽게 정리하고 랩을 덮어 스펀지로 두드리는 작업을 앞뒤로 해준다.

  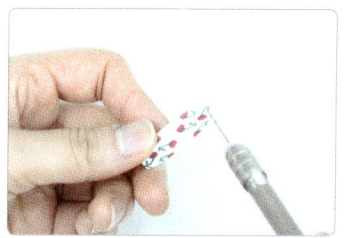

18 곡선용 칼을 휘어서 사진과 같이 양옆을 자른 다음, 나머지 칩도 같은 방법으로 하여 칩 2개를 오븐에 굽는다.

19 핀바이스로 O링 넣을 위치를 잡아 구멍을 뚫는다.

20 O링으로 귀걸이침과 칩을 연결하여 귀걸이를 완성한다.

스퀘어 패턴케인은 컬러 대비에서도 재미를 느낄 수 있는 케인이에요.
케인 분위기에 따라 브로치로, 귀걸이로, 그립톡으로도
다양하게 응용하는 즐거움이 있어요.

박주영 작가

02 스퀘어 패턴 브로치

준비 FIMO 클레이
1 P0(2.4칸)+P77(0.1칸)
2 P0(1.5칸)+P300(0.5칸)+P9(0.01칸)
3 P0(1칸)+P9(1.5칸)
4 P0(0.5칸)
5 E504(0.3칸)
6 P0(0.7칸)+P9(0.3칸)

자, 브로치 핀대, 순간접착제, 칼

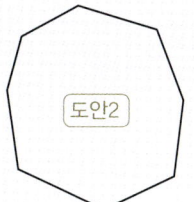
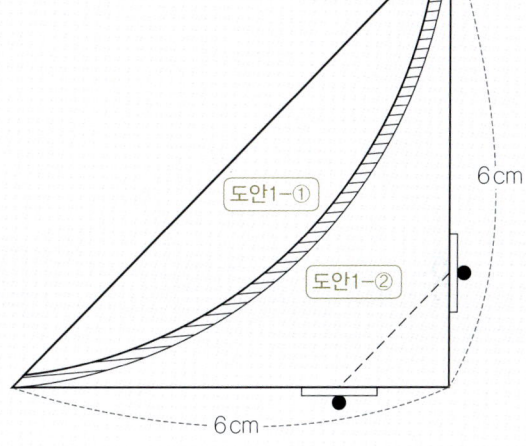

1 1번 클레이로 높이 2cm의 길쭉한 반원형 기둥을 만든다(도안1-①).

2 2번 클레이로 2×10cm 시트(다이얼 1)를 만들어 사진과 같이 덮는다(도안1-①).

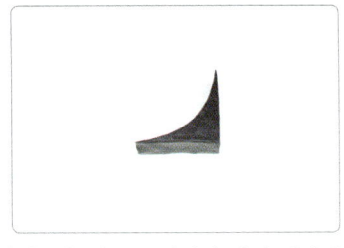

3 3번 클레이로 높이 2cm인 직각삼각기둥을 만들고 사진과 같이 위아래로 똑같은 길이가 나올 수 있게 조금씩 늘여준다(도안1-②).

4 만든 기둥들을 사진과 같이 조합한다(도안1).

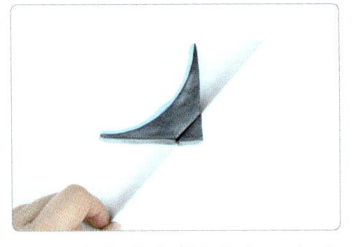
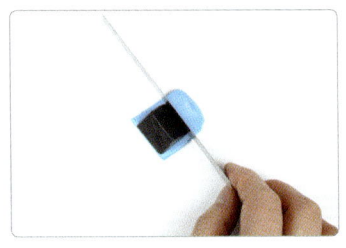

5 조합한 삼각기둥에서 도안1을 참고하여 모서리 부분을 자른다.

6 남은 2번 클레이로 2×3.5cm 시트(다이얼 1)를 만들어 사진과 같이 모서리기둥에 붙인다.

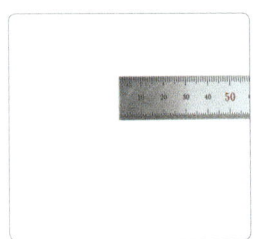

7 4번 클레이로 1×4cm 시트(다이얼 1)를 만들어 반으로 자른 다음 사진과 같이 붙인다.

8 5번 클레이로 지름 0.2cm, 길이 4cm로 롤링해서 반으로 자른 다음 사진과 같이 붙인다.

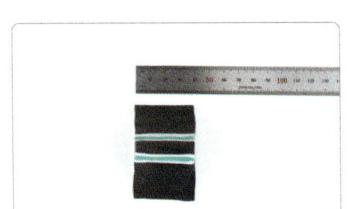
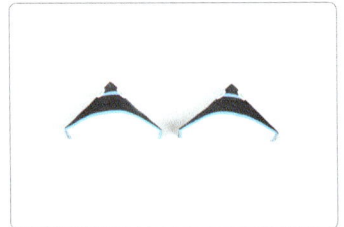

9 이등변 삼각기둥을 4cm로 늘인 다음, 반으로 잘라 사진처럼 마주보게 붙이고 정사각기둥이 되도록 다듬는다.

10 사각기둥을 6cm로 늘인 다음 1.5cm씩 4등분한다.

11 사진과 같이 2개씩 마주보게 문양을 맞춰 조합하여 케인을 완성한다.

12 케인을 6cm로 늘이고 1.5cm씩 4등분한다.

13 세로선이 일치하도록 조합하여 1배 조합 케인을 완성한다.
* 25쪽 케인 조합 참고

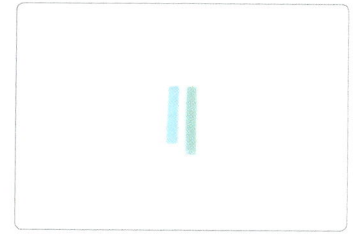

14 케인(1.8×1.8cm)을 0.2cm 두께로 자르고, 6번 클레이로 4×4cm 시트(다이얼 1)를 만들어 칩을 올린다.

15 남은 2번 클레이로 0.3×1.8~2cm 시트(다이얼 3), 5번 클레이로 0.3×2.1~2.3cm 시트(다이얼 3)를 만들어 칩의 옆면 길이를 확인하고 붙인다.

16 문양 시트 위에 도안2를 대고 자른 다음 오븐에 굽는다.

17 순간접착제를 사용하여 브로치 판대를 붙여 완성한다.

만들 때마다 그 느낌이 매번 달라지는
카멜레온 같은 추상 케인이에요.
고풍스러운 오리엔탈 분위기의 귀걸이로
때로는 유니크한 지중해 스타일의 귀걸이
느낌이 나요.

박주영 작가

03 체인지 케인 귀걸이

준비   FIMO 클레이
   1 P23(30g)
   2 P57(15g)
   3 P57(10g)

미니저울, 칼, 귀걸이 재료(귀걸이침 1쌍, 0.5cm O링 6개, 0.3cm O링 2개)
※ 클레이의 각 필요량이 정확해야 만드는데 불편함이 없다.

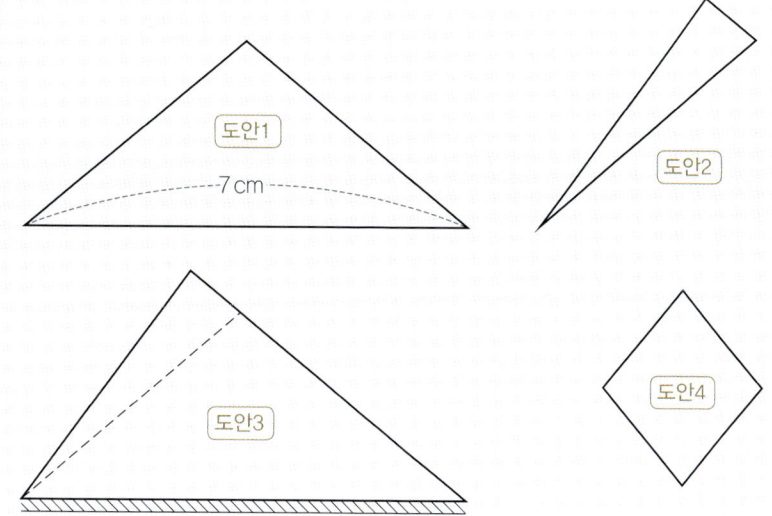

1 1번 클레이로 높이 1.5cm인 원기둥을 만들고 반으로 자른다.

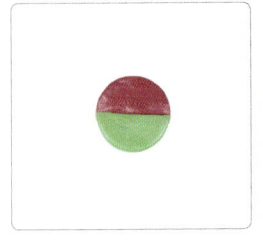

2 2번 클레이로 높이 1.5cm인 반원기둥을 만든 후(모양이 아주 반듯하지 않아도 됨) 1에서 만든 반원기둥에 붙이고 원기둥이 모나지 않게 다듬는다.

3 사진과 같이 수직으로 자르고 자른 기둥을 뒤집어서 다시 조합한다.

4 3의 과정을 5~10번 반복하면서 색을 분산시킨다.

※ 이 케인은 색을 골고루 분산시키지 않아도 추상적인 모양이 나오므로 색의 배치와 자르는 횟수에 구애 받지 않아도 된다.

5 원기둥을 밑변 7cm, 높이 2cm인 삼각기둥으로 만든다(도안1).

6 남은 1번 클레이에서 8g을 사용하여 높이 2cm인 직각삼각기둥을 만들고(도안2), 사진과 같이 삼각기둥에 붙여 큰 직각삼각기둥이 되도록 다듬는다.

7 3번 클레이로 시트(다이얼 ③)를 만들어 사진과 같이 한 곳만 시트 덮기(도안3)를 한다.

*22쪽 시트 덮기 참고

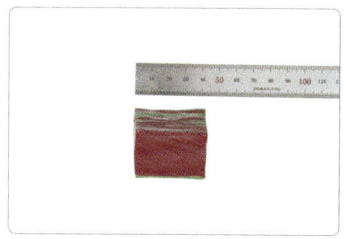 

8 삼각기둥을 4cm로 늘인 다음 2cm씩 2등분한다.

9 시트 붙인 면이 위로 가도록 기둥을 마주보게 붙인 다음 바닥에 세우고 윗변을 눌러 삼각기둥으로 만든다.

10 삼각기둥을 9cm로 늘인 다음 1.5cm씩 6등분한다.

11 사진과 같이 시트 덮기한 부분이 맞닿게 3개의 기둥을 조합한다.

12 중심신이 일치하노록 소합하여 체인지 케인을 완성한다.

13 원기둥으로 만들어 12cm 늘인 다음 1.5cm씩 8등분하여 사진과 같이 조합한다(지름 1.5cm, 높이 1.5cm).

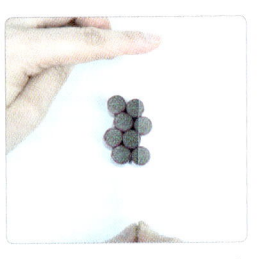

14 오른쪽 가장자리를 반듯하게 자른 다음 왼쪽의 빈자리에 붙여 사각 케인으로 만든다(아래쪽 가장자리→위쪽 빈자리). 원기둥들이 잘 붙을 수 있게 사각 케인을 잘 다듬는다.

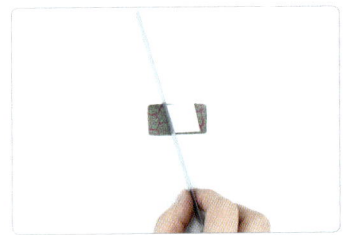

15 완성된 사각 케인을 늘이지 않은 상태로 양 끝만 살짝 정리해주고, 두께 0.2cm인 칩 2개를 준비한 후 사진과 같이 도안4를 대고 자른다.

16 남은 1, 3번 클레이를 뭉쳐서 대충 반죽한 후 원하는 크기의 물방울 모양 비즈를 만들어 귀걸이칩과 같이 오븐에 굽는다.

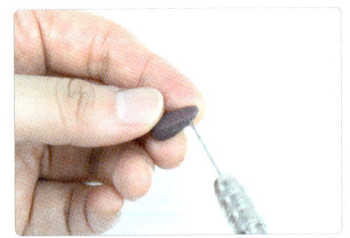

17 물방울 비즈와 귀걸이칩 각각에 O링을 넣을 위치를 잡아 구멍을 뚫고, O링으로 물방울 비즈와 귀걸이칩을 연결한다.

18 귀걸이침과 칩을 O링으로 연결하여 귀걸이를 완성한다.

감사한 분께 마음을 담아 전하는 카네이션 브로치. 화려함보다는 은은하고 우아한 분위기로 그 마음을 전해보세요. 가죽 효과 클레이를 한장 한장 겹겹이 붙여 실제 카네이션의 모습과 가장 가까우면서도 아름다운 색으로 표현했어요.

김미현 작가

04 가죽 카네이션 브로치

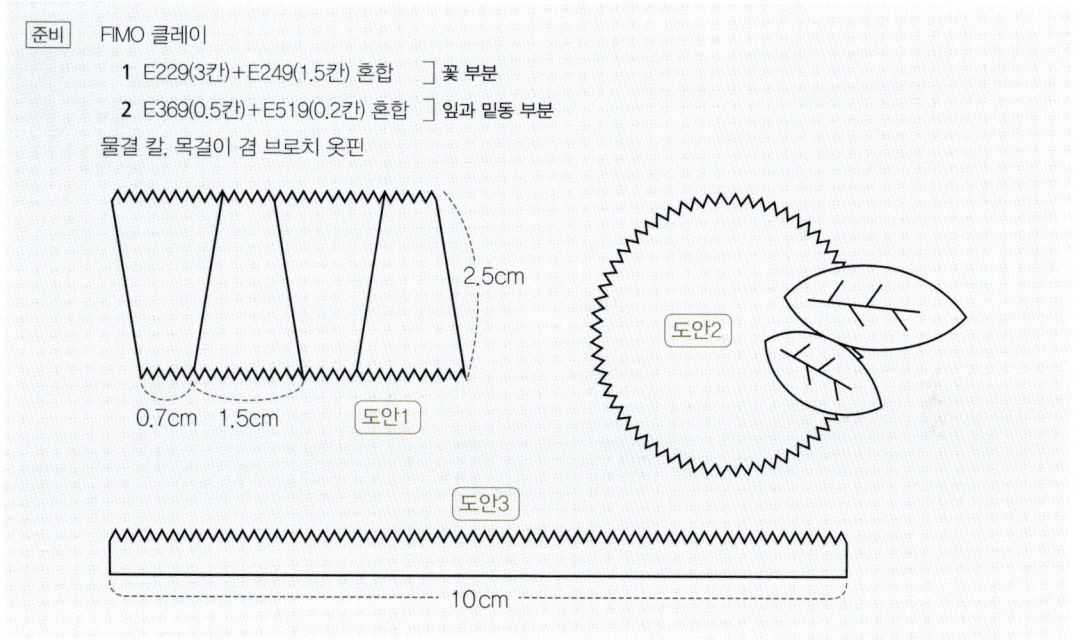

1 1번 클레이를 반으로 나눠 각각 손으로 넓게(3×6cm) 편 다음 각각 시트(다이얼 ⑥)를 만든다.

2 물결 칼을 이용해 높이 2.5cm로 위와 아래를 자른다.

＊물결 칼로 자를 때는 칼을 누른 상태에서 밀어내면서 잘라야 깔끔하다.

3 도안1을 참고하여 2의 시트를 윗변 1.5cm, 아랫변 0.7cm의 사다리꼴로 잘라 55-56개의 조각을 만든다. 조각의 넓은 쪽이 꽃의 윗부분이다.

4 조각 하나를 둥글게 말아 꽃의 중심을 만든다.

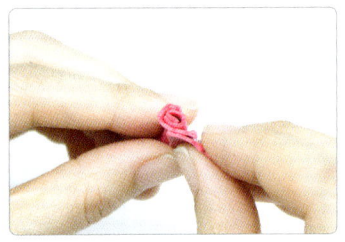

5 꽃잎끼리 3mm 정도 겹치게 하고 윗부분을 바깥쪽으로 펼치며 아랫부분을 붙인다.

6 아랫부분이 오목해지도록 누르면서 꽃잎을 모두 붙인다.

7 꽃의 밑동을 손으로 잡고 사진과 같이 아랫부분을 사선방향으로 비스듬히 자른다(가장 바깥 잎 기준 긴 쪽 2cm, 짧은 쪽 1.2cm). 칼로 홈을 내고 뜯어내듯 자른 다음 울퉁불퉁한 면은 굽고 난 후 얇은 칼로 자르면 된다.

8 2번 클레이로 시트(다이얼 [2])를 만들어 도안2 크기의 나뭇잎 2장을 만들고 칼이나 도트봉으로 잎맥을 그린다.

9 나뭇잎 아래를 손으로 살짝 누르고 꽃의 짧은 기둥 옆면에 붙인 다음 오븐에 굽고 칼로 아랫면을 평평하게 깎는다.

 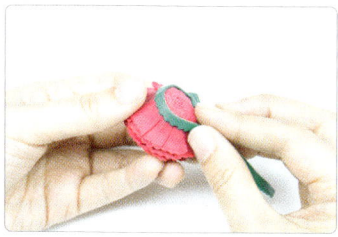

10 2번 클레이로 도안3의 시트(다이얼 7)를 만들어 도안2 크기로 잘라서 꽃 아래에 한 바퀴 감아 붙이고 오븐에 다시 굽는다.

11 짧은 기둥부분이 위로 가도록 브로치 판에 붙여 가죽 카네이션 브로치를 완성한다.

05 캔디플라워 링

사탕같이 달콤한 반지 속에 숨은 수줍은 꽃송이
손가락 위에 꽃 한 송이 올려보아요.

준비 FIMO 클레이
  1 꽃잎 : S0(2칸)
  2 중심 : S16(0.2칸)
  3 바탕 : S22(1.5칸)
  칼, 자, 물티슈

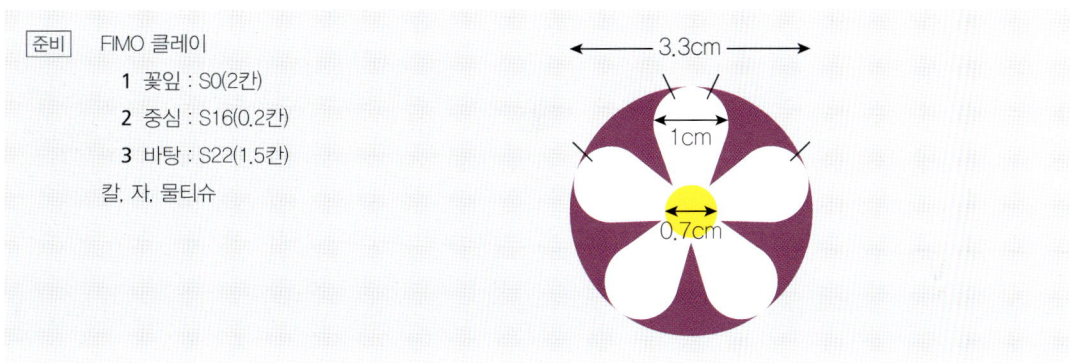

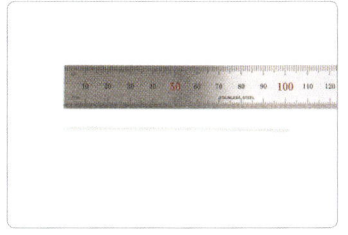

1 1번 클레이로 길이 10cm의 원기둥을 만든다.

2 2cm씩 5등분한다.

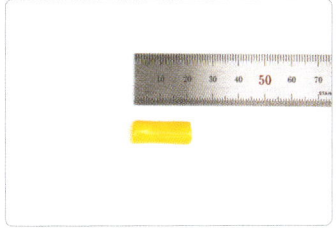

3 클레이를 꽃잎 모양으로 다듬어 꽃잎 기둥을 5개 만든다.

4 2번 클레이로 중심 기둥인 원기둥(지름 0.7cm, 높이 2cm)을 만든다.

 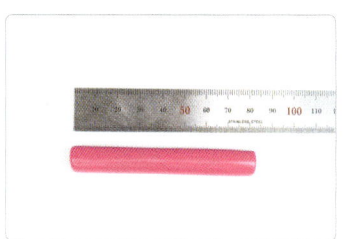

5 중심 기둥에 3의 꽃잎 기둥을 붙인다. *25쪽 기둥끼리 조합하는 방법 참고

6 3번 클레이로 길이 8cm의 원기둥을 만든다.

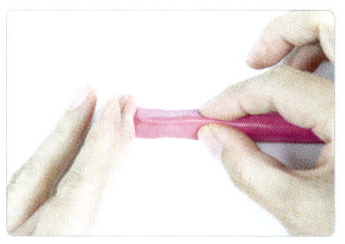 

7 엄지와 검지로 모서리를 잡으면서 길이 10cm의 삼각기둥으로 다듬는다. *23쪽 원기둥을 변형하여 늘이는 방법 참고

8 2cm씩 5등분한다.

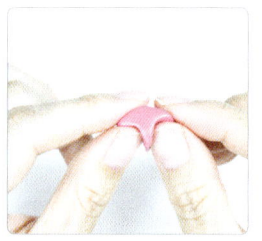 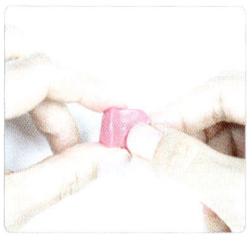  

9 삼각기둥의 양 끝을 엄지로 눌러 단면이 T자 모양이 되게 다듬어 바탕 기둥을 만든다. 이때 엄지로 살살 쓸어내리듯이 하면 모양잡기가 수월하다.

10 바탕 기둥을 5의 꽃잎 기둥들 사이에 끼워 캔디플라워 케인을 완성한다.

TIP1

꽃잎 기둥의 흰색 라인이 보이도록 중심 부분은 덮지 않도록 한다.

 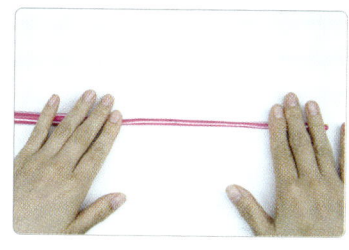 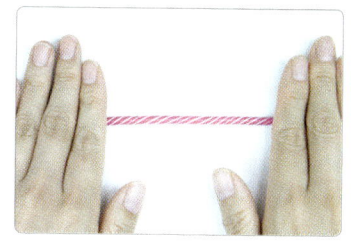

11 케인을 지름 0.5cm 정도로 늘인 다음, 한쪽 끝에서 길이 10cm 만큼 잘라낸다. *26쪽 케인 늘이는 방법 참고

12 자른 10cm 케인을 다시 지름 약 0.3cm로 길게 늘인 다음 양 끝에 손을 올리고 왼손은 아래, 오른손은 위 방향으로 굴려서 꼬임 무늬를 만든다.

13 길이 14cm로 자른 다음 케인의 양 끝에 꽃무늬가 깔끔하게 나오도록 자른다. 손가락 굵기에 따라 길이를 조절한다.

14 손가락에 약 1.8바퀴 둘러서 반지 모양을 만든다. *Tip2, Tip3 참고

15 오븐에 구워 캔디플라워 링을 완성한다.
*구운 뒤 반지가 살짝 찌그러졌으면 열기가 남아있을 때 모양을 잡아주면 깔끔한 원모양을 만들 수 있다.

TIP2
기본 반지 - 캔디 링

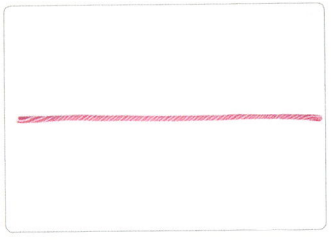  

1 12의 케인을 7cm 정도 길이로 자른 뒤 양 끝을 연결해서 반지 모양을 만든다.

2 연결 부분을 바닥에 두고 손가락으로 앞뒤로 굴리며 굵기가 동일하도록 깔끔하게 이어준다.

TIP3
캔디플라워 링2

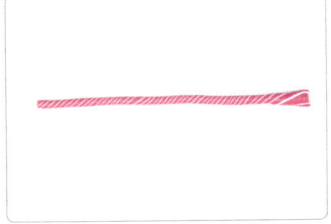 

1 11의 케인을 8cm 길이로 자른 뒤, 한쪽은 나팔 모양으로 굵게 남겨두고 나머지 부분을 얇게 늘여준다. *굵은 쪽 지름 약 0.4~0.5cm

2 손가락 길이에 맞게 케인을 자른 뒤, 한 바퀴보다 조금 더 둘러주어 꽃잎 모양이 잘 보이도록 말아 연결한다.

김현수 작가

06 파스텔 원석 팔찌 Ⅰ, Ⅱ

파스텔 감성 놓칠 수 없어~~
은은하게 반짝이는 원석 팔찌예요.
원석 케인은 팔찌 외에도 다양하게 활용 가능한 꿀템이랍니다.

준비   FIMO 클레이
1 S0(1칸)
2 E014(1칸)
3 E052(1칸)
4 E205(1칸)   원석 케인(피모 이펙트)
5 E206(1칸)
6 E607(1칸)
7 S0(2칸)
공예용 금박지, 칼, 밀대, 종이 포일, 작은 캔, 물티슈

TIP
일러둘 사항

1   캔은 깨끗이 씻어 말린 뒤 이물질 등을 미리 제거한다. 캔을 다룰 때는 다치지 않도록 조심한다.
2   팔찌 틀은 팔 사이즈에 맞는 구하기 쉬운 다양한 도구를 사용할 수 있다. 종이 띠로 팔찌 틀의 둘레를 잰 뒤 도안으로 사용하면 좋다.
3   이펙트 클레이는 오븐 온도 테스트를 꼭 먼저 한다.

파스텔 원석 팔찌 I

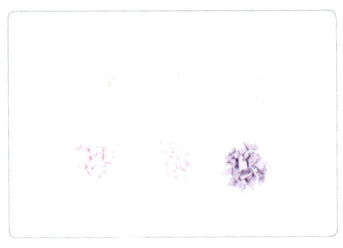

1 1~6번 클레이를 반죽한 후 칼로 잘게 다진다.

2 금박지 2장과 클레이를 골고루 섞는다.

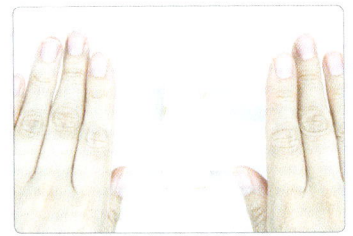

3 클레이를 뭉쳐 사각기둥(2×2.5cm, 길이 약 6cm)으로 다듬어 원석 케인을 완성한다. *사방으로 밀대를 밀어주면 더 밀도 있게 뭉쳐진다.

4 원석 케인을 0.3cm 두께로 잘라(약 10개) 나란히 붙인다.

5 시트 위에 종이 포일을 덮은 다음 칩의 두께가 균일하게 밀대로 민다.

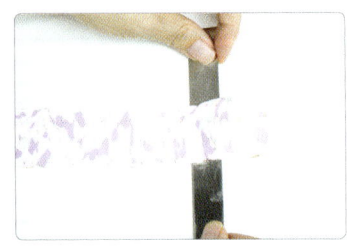

6 칼과 손으로 경계선을 문지르며 매끈하게 다듬는다.

7 시트를 뒤집어서 시트의 뒷면도 5,6과 동일하게 작업한다.

*바닥에 들러붙은 시트를 떼어낼 땐 칼로 바닥을 긁듯이 긁어서 분리한다.

8 시트를 폭 1.5cm, 길이 23.5cm로 자른다. 한쪽 끝은 사선으로 자른다.

9 틀에 시트를 두른 다음 양 끝을 붙인다. 클레이 칼 끝부분으로 문질러 경계를 없앤다.

10 팔찌의 가장자리를 손가락으로 눌러 경사를 완만하게 다듬는다.

파스텔 원석 팔찌 Ⅱ

 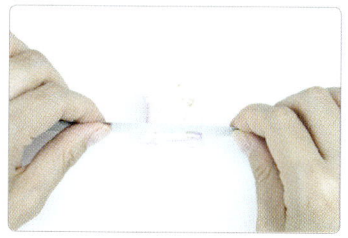

11 7번 클레이로 팔찌 중심 시트를 만들고(1×23.5cm) 양 끝을 깔끔하게 자른다(시트 사이즈는 팔목 사이즈에 맞게 길이를 조절한다).

12 3의 원석 케인을 두께 0.1~0.2cm로 잘라(12~13개) 23.5cm 정도 길이가 되도록 나란히 붙인다.

13 5~7을 반복하여 원석 시트를 만든다.

14 11에서 만든 중심 시트를 원석 시트 위에 올린다. 이때 시트의 시작은 0.5cm 정도 남기고 붙인다.

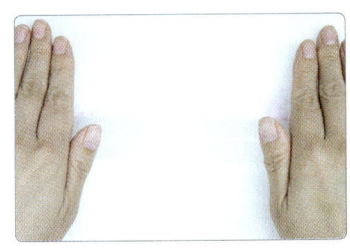

15 원석 시트로 중심 시트를 덮은 뒤, 중심(흰색) 시트가 보이는 부분은 12의 조각 및 자투리들로 메운다.

16 종이 포일을 덮은 뒤 앞뒤 양면을 밀대로 가볍게 민다.

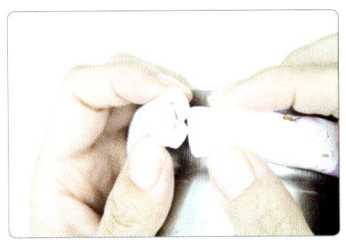

17 시트를 세워서 윗면을 문지르며 반듯하게 다듬는다.

18 접힌 경계면을 안쪽으로 하여 캔에 시트를 붙이고, 자나 칼 등으로 옆면을 눌러가며 가지런히 모아준다. 14에서 0.5cm 남겨둔 칩을 팔찌 위에 덮어 마무리한다.

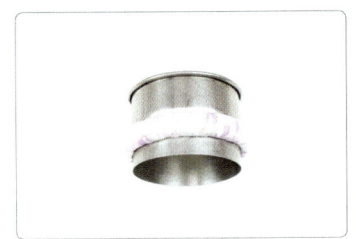

19 손가락으로 눌러 예쁜 반원 모양으로 다듬는다.

20 캔에 붙인 채로 오븐에 굽는다. 틀과 클레이가 식을 때까지 기다린다.

21 힘주어 캔을 눌러 캔과 팔찌를 조금씩 떼어내며 조심스럽게 분리한다(쩍쩍 분리되는 소리가 들린다).

22 완성이다.

이인희 작가

07 풍차 케인

튤립 꽃 가득한 꽃밭 속에 있는 풍차의 풍경이 보이시나요?
살랑살랑 바람을 타고 빙글빙글 돌아가는 풍차를 그리면서 동심으로 돌아가 볼까요.

준비   FIMO 클레이
1 P0(2칸)
2 P32(2칸)
3 P1(1칸)
칼, 자

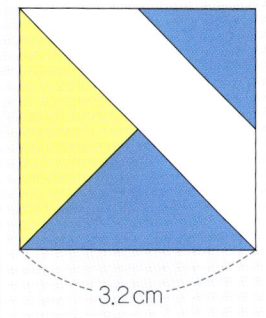

3.2cm

1 1,2,3번 클레이를 높이 약 2cm 원기둥으로 만든다.

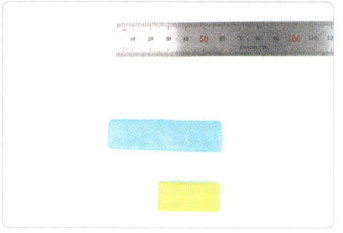

2 1,2번 6cm, 3번 3cm의 사각기둥으로 다듬는다.
* 23쪽 원기둥을 사각기둥으로 늘이는 방법 참고

3 1,2번 기둥을 3cm씩 2등분한다.

4 각각 대각선 방향으로 2등분한다. *24쪽 기둥을 세로로 분할하는 방법 참고

5 기둥을 사진과 같이 조합하여 사각기둥을 4개 만든다.

6 기둥 4개를 사진과 같이 조합한다.

7 조합한 기둥을 중심선이 일치하도록 다시 조합한다.

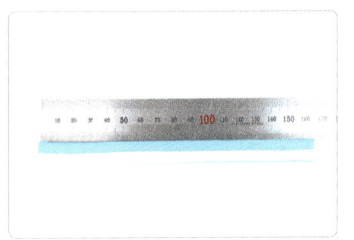 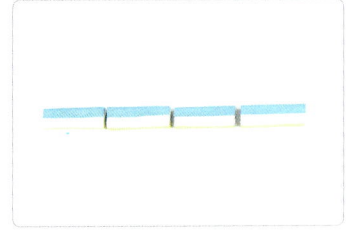

8 16cm로 늘인 후 4cm씩 4등분한다.

9 기둥 4개를 사진과 같이 조합한다.

10 세로선이 일치하도록 조합하여 풍차 케인을 완성한다.
*25쪽 각기둥 조합하는 방법 참고

이인희 작가

08 X 케인

단순한 듯 아닌 듯한 교차된 직선의 만남이 다양한 색상의 선택에 따라 조합에 따라
또 다른 즐거움을 만나게 해 준답니다.

준비   FIMO 클레이
    1 P4(2칸)
    2 P33(2칸)
    3 P80(1칸)
   칼, 자

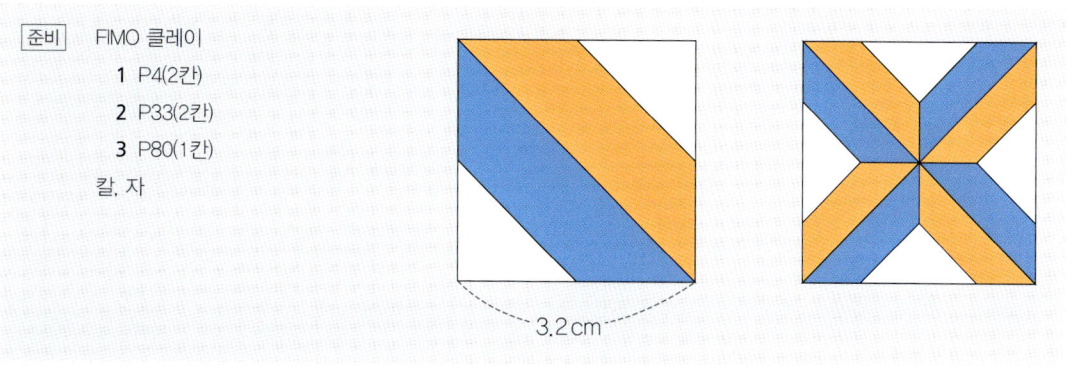

3.2cm

1 1,2,3번 클레이를 높이 약 2cm의 원기둥으로 만든다.

2 1,2번 6cm, 3번 3cm의 사각기둥으로 다듬는다.

＊ 23쪽 원기둥을 사각기둥으로 늘이는 방법 참고

3 1,2번 기둥을 3cm씩 2등분한다.

4 각각 대각선 방향으로 잘라서 2등분한다. *24쪽 기둥을 세로로 분할하는 방법 참고

5 각각의 기둥을 사진과 같이 조합하여 사각기둥을 4개 만든다.

6 기둥 4개를 사진과 같이 조합한다.

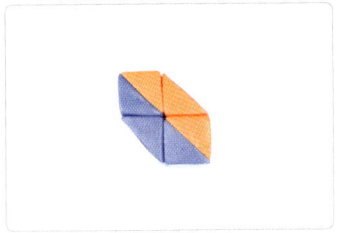 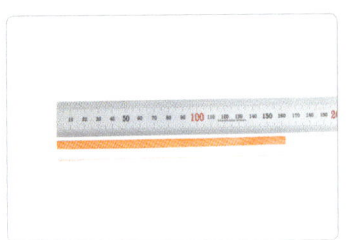

7 조합한 기둥을 세로선이 일치하도록 다시 조합한다.

8 16cm로 늘인 후 4cm씩 4등분한다.

 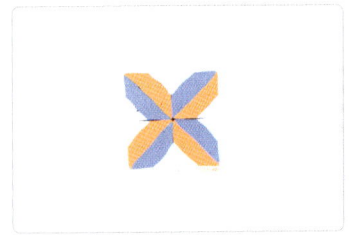

9 기둥 4개를 사진과 같이 조합한다.

10 세로선이 일치하도록 조합하여 X케인을 완성한다.

이인희 작가

09 사방 케인

사방에 떨어진 꽃들에서도 규칙이 보일 때가 있어요.
자세히 들여다보면 꽃들이 말하는 것 같죠. 사뿐히 지르밟고 가시옵소서.

준비 FIMO 클레이
1 P80(25g)
2 P6(10g)
3 P200(10g)
4 P5(5g)
칼, 자

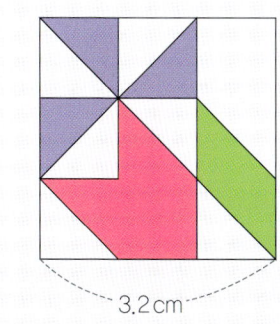
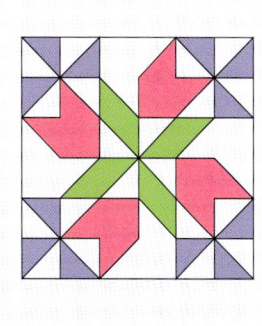

3.2cm

1 1,2,3,4번 클레이를 높이 약 2cm의 원기둥으로 만든다.

2 1번 12.5cm, 2,3번 5cm, 4번 2.5cm의 사각기둥으로 다듬는다.

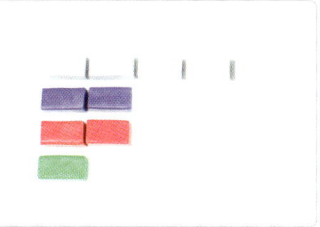

3 1번 기둥을 2.5cm씩 5등분하고 2,3번 기둥을 2.5cm씩 2등분한다.

4 1번 기둥 4개를 대각선 방향으로 잘라 2등분한다.

5 2번 기둥 2개를 대각선 방향으로 잘라 2등분한다.

6 3번 기둥 1개를 대각선 방향으로 잘라 2등분한다.

7 4번 기둥 1개를 대각선 방향으로 잘라 2등분한다.

8 각각의 기둥을 사진과 같이 조합하여 사각기둥을 만든다.

A

B

C

9 각각의 기둥을 A, B, C와 같이 조합한다.

10 조합한 A, B 기둥을 세로선이 일치하도록 다시 조합한다.

11 조합한 기둥과 C 기둥을 세로선이 일치하도록 다시 조합한다.

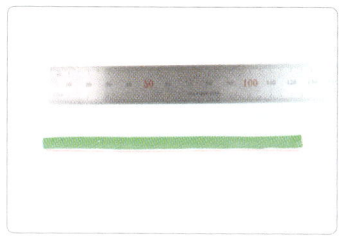 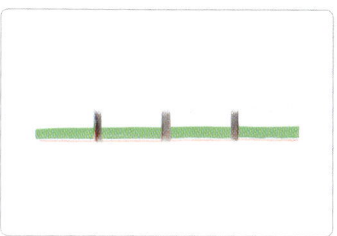

12 12cm로 늘인 후 3cm씩 4등분한다.

13 기둥 4개를 사진과 같이 조합한다.

14 세로선이 일치하도록 조합하여 사방 케인을 완성한다.

서로 다른 패턴들이 서로 어울리면
아름다움이 배가 되는 소품이
탄생해요.
만드는 기쁨, 사용하는 즐거움,
감상하는 행복함을 가져다준답니다.

10 티 매트

준비 FIMO 클레이
1 E11(7칸)
패턴케인 3개, 밀대, 메탈릭 골드 물감, 세필 붓, 도트봉, 물티슈, 브로치 핀, 원형 마그네틱, 순간접착제

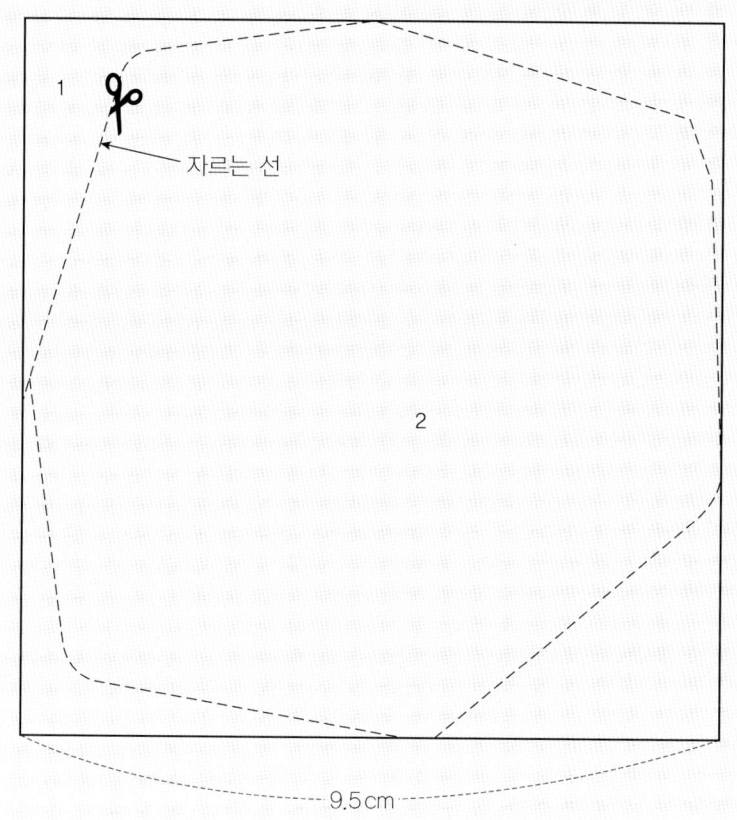

1   1번 클레이로 시트(다이얼 ③)를 만들어 도안1을 대고 자른다.

2   각 케인을 두께 약 0.2cm, 가로 세로 1.5cm로 12개씩 자른다.

3   시트를 반듯하게 다듬은 다음 가로줄을 긋고 케인 칩을 차례로 붙여 1줄을 완성한다.

4   패턴 문양이 사선 방향으로 교차하도록 칩을 차례로 붙인다.

* 칼끝으로 문양 칩을 밀어서 모서리에 딱 들어맞도록 한다.

5   3.4를 반복하여 시트 전체에 칩을 붙인다.

6   밀대나 롤러로 밀어서 평평하게 한다.

7   도트봉을 사용하여 칩을 연결한 부분(가로선과 세로선)을 그어 홈을 낸다.

8   물티슈를 사용하여 깨끗하게 닦는다.

  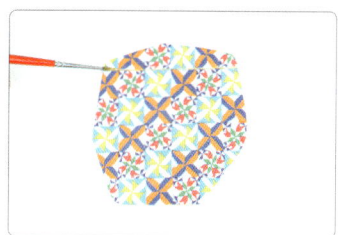

9 도안2를 대고 자른 후 오븐에 굽는다.

* 두꺼운 작품은 오븐에서 구운 후에 완전히 식히고 다시 한 번 더 굽는 것이 좋다.

10 티 매트가 완전히 식으면 메탈릭 골드 물감으로 홈을 채색한다. 홈 밖으로 삐져나온 물감은 물티슈로 문질러서 닦아낸다.

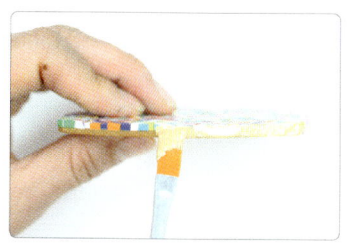 

11 옆면과 뒷면을 채색하여 티 매트를 완성한다.

TIP
남은 조각으로 브로치 만들기

 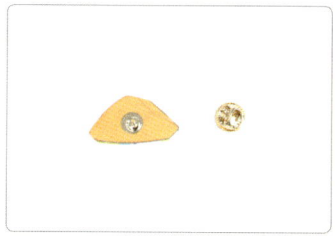 

위의 10,11과 같은 방법으로 조각을 채색하고 뒷면에 마그네틱이나 브로치 핀을 접착하여 메모자석이나 브로치로 만든다.

배향화 작가

11 괭이밥 꽃 케인

한여름 태양을 품고 있는 것 같은 샛노란 괭이밥 꽃.
꽃의 앙증맞고 귀여운 모습을 영원히 지지 않는 케인으로 간직해요.

준비 FIMO 클레이
1 P1(0.5칸)+P0(4.5칸) 혼합 ⎤
2 S50(1.5칸)   ⎟ 꽃잎 기둥
3 P9(1칸)   ⎟
4 E014(2칸)   ⎦
5 E014(3.5칸)   ⎤ 바탕 기둥
자, 칼, 이쑤시개, 원형틀(지름 약 1.5cm)

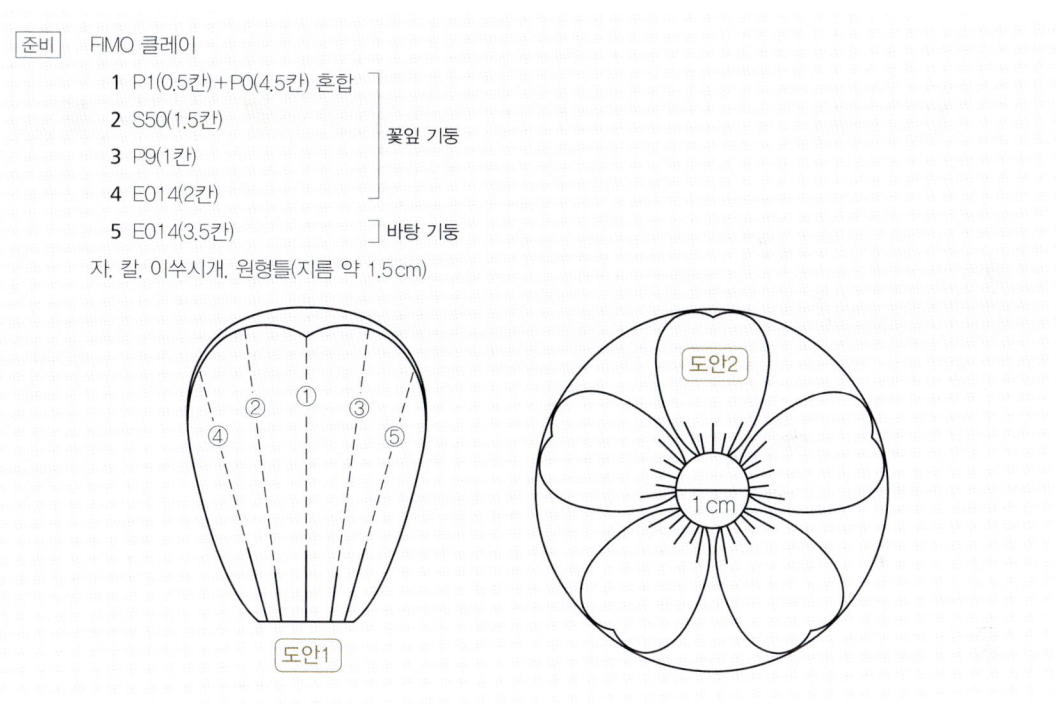

1   1번 클레이로 원기둥을 만들고 도안1과 같은 모양으로 다듬는다.
※ 이하 모든 기둥의 높이는 3cm

2 꽃잎 기둥의 윗부분 중심을 자로 눌러 홈을 만들고 윗면에 칼끝으로 잎맥을 5개 그린다(도안1의 ①~⑤).

3 2번 클레이 0.5칸으로 시트(다이얼 ③, 4.5×3cm)를 만든다.

4 잎맥 ①의 아랫부분에 칼을 대고 약 2cm를 수직으로 자른다.

5 3에서 만든 시트를 1cm 폭으로 잘라 칼끝에 붙인 다음 홈에 끼우고 오므린다.

  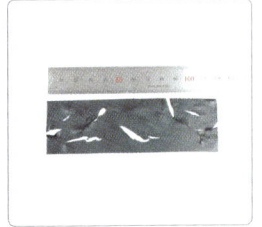
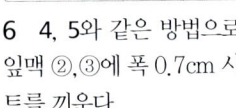

6 4, 5와 같은 방법으로 잎맥 ②,③에 폭 0.7cm 시트를 끼운다.

7 4, 5와 같은 방법으로 잎맥 ④,⑤에 폭 1cm 시트를 끼운다.

8 3번 클레이로 시트(다이얼 ⑨)를 만들어 시트 감기 하는데, 꽃잎의 아랫부분에는 시트를 감지 않는다.

TIP1
자연스러운 표현을 위한 시트 감기 방법

1 클레이를 머신(다이얼 ⑨)에 내린 다음 손으로 잡아당겨 최대한 얇게 늘인다.

2 늘이면서 찢어진 시트 그대로 기둥에 감싸 시트 감기 한다.

9 4번 클레이 0.5칸으로 높이 3cm 삼각기둥을 만들어 바탕 기둥 모양으로 다듬고 홈에 끼운다(도안1).

10 4번 클레이로 시트(다이얼 ⑥)를 만들어 시트 감기 하는데, 꽃잎의 아랫부분에는 시트를 감지 않는다.

TIP2
바탕 기둥 만드는 방법

 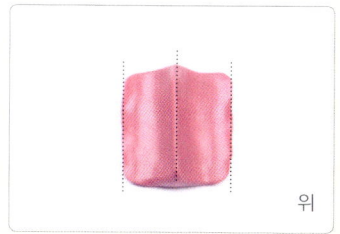

앞   위

1 바탕 기둥을 앞과 위에서 본 모양이다. 직선과 곡선 부분을 정확하게 만들도록 한다.

바탕 기둥의 너비

2 바탕 기둥의 너비는 꽃잎 기둥의 중심에서 중심까지의 너비와 같다.

3 꽃잎의 문양이 찌그러지지 않으려면 꽃잎 기둥과 닿는 바탕 기둥이 자연스런 곡선이 되어야 한다.

11 꽃잎 기둥을 15cm로 늘여 3cm씩 5등분한 후 각각 늘이기 전의 꽃잎 기둥 모양으로 다시 다듬는다(도안2).

TIP3
원기둥이 아닌 케인을 늘이는 방법

1 타원형 기둥을 원기둥 형태로 다듬는다.

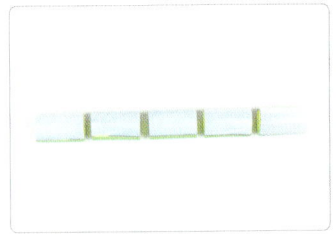 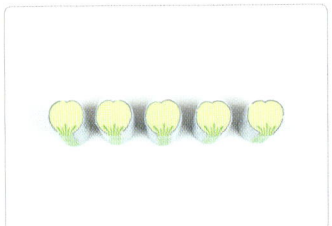

2 길게 늘여서 원하는 크기로 나눈다.

3 원기둥을 늘이기 전의 꽃잎 모양으로 다듬는다.

12 꽃잎 기둥의 아랫부분을 원형틀로 각각 살짝 자른다.

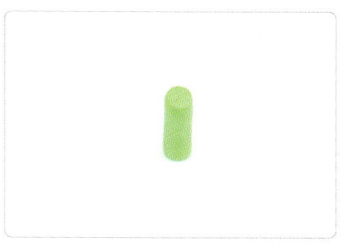  

13 남은 2번 클레이 1칸으로 지름 1cm인 중심 기둥을 만들고 꽃잎 기둥을 모두 조합한다(도안2).

14 5번 클레이로 길이 15cm인 삼각기둥을 만든 다음 3cm씩 5등분 한다.

15 엄지와 검지로 삼각기둥을 눌러 경사가 완만한 곡선 형태의 바탕 기둥을 5개 만든다(도안2).

16 바탕 기둥을 홈에 끼워 괭이밥 꽃 케인을 완성한다.

배향화 작가

12 괭이밥 잎 케인

행운의 네잎클로버를 닮은 괭이밥 잎. 길을 걷다 만나는 하트 모양의 초록 잎은 기분까지도 상쾌하게 해주죠. 초록의 싱그러움을 그러데이션 기법으로 표현했어요.

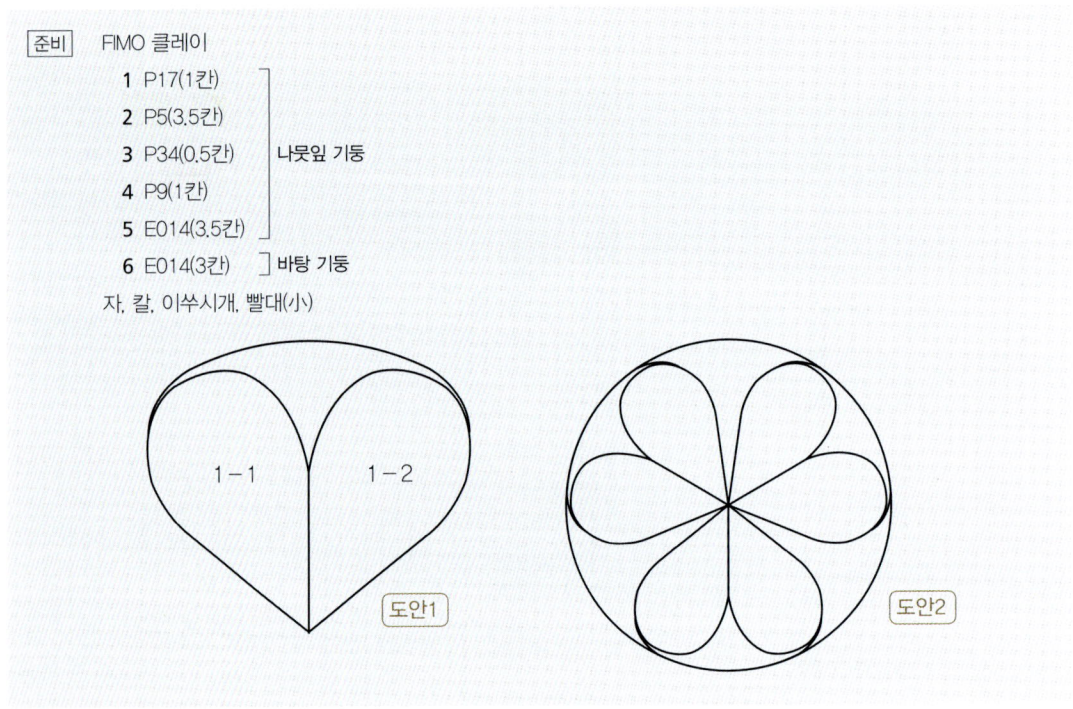

준비 FIMO 클레이
1 P17(1칸)
2 P5(3.5칸)
3 P34(0.5칸)] 나뭇잎 기둥
4 P9(1칸)
5 E014(3.5칸)
6 E014(3칸)] 바탕 기둥
자, 칼, 이쑤시개, 빨대(소)

1 1~3번 클레이로 그러데이션 한다.

* 19쪽 그러데이션 기법 참고

2 부채 접기 한 후 높이 3cm인 원기둥으로 다듬는다.

3 4번 클레이로 시트(다이얼 9)를 만들어 시트 감기 한다.

* 78쪽 Tip1 참고

4 원기둥을 6cm로 늘인 다음 3cm씩 2등분한다.

5 4에서 다듬고 남은 자투리에서 진한 부분을 잘라 색을 혼합한 다음 빨대 굵기의 원기둥(길이 3cm)을 만들어둔다.

6 짙은 색 부분이 뾰족하게 되도록 물방울 기둥으로 다듬는다(도안1-1).

7 뾰족한 부분이 만나도록 조합하여 하트 기둥을 만든다(도안1).

8 5번 클레이 1.5칸으로 길이 3cm의 삼각기둥을 만든 다음 바탕 기둥으로 다듬어 홈에 끼운다.
* 79쪽 Tip2 참고

9 5번 클레이 2칸으로 시트(다이얼 ⑥)를 만들어서 시트 감기 하는데, 뾰족한 기둥 부분에는 시트를 감지 않는다.

10 하트 기둥을 9cm로 늘여 3cm씩 3등분한 후 각각 늘이기 전의 하트잎 기둥 모양으로 다시 뾰족하게 다듬는다(도안2).
* 80쪽 Tip3 참고

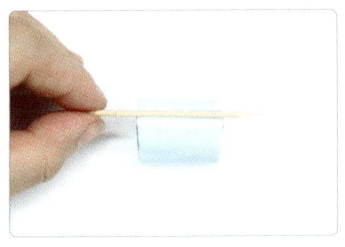 

11 뾰족한 기둥 부분을 이쑤시개로 눌러서 홈을 만든다.

12 5에서 만든 원기둥을 잎 1개의 홈에 끼운 다음 나머지 잎 기둥 2개를 조합한다(도안2).

13 5번 클레이로 길이 9cm인 삼각 기둥을 만든 다음 3등분한다.

14 바탕 기둥을 만들어 잎 기둥 사이에 끼워 잎 케인을 완성한다(도안2).

배향화 작가

13 배추흰나비 케인

수호비의 케인은 어딘가 다르다고 느낀 적 있으신가요?
검정색 시트의 찢어짐을 통해서 꽃과 나비의 자연스러움을 표현하는 것이 비법이죠.
완성한 나비의 라인을 확인해보세요.

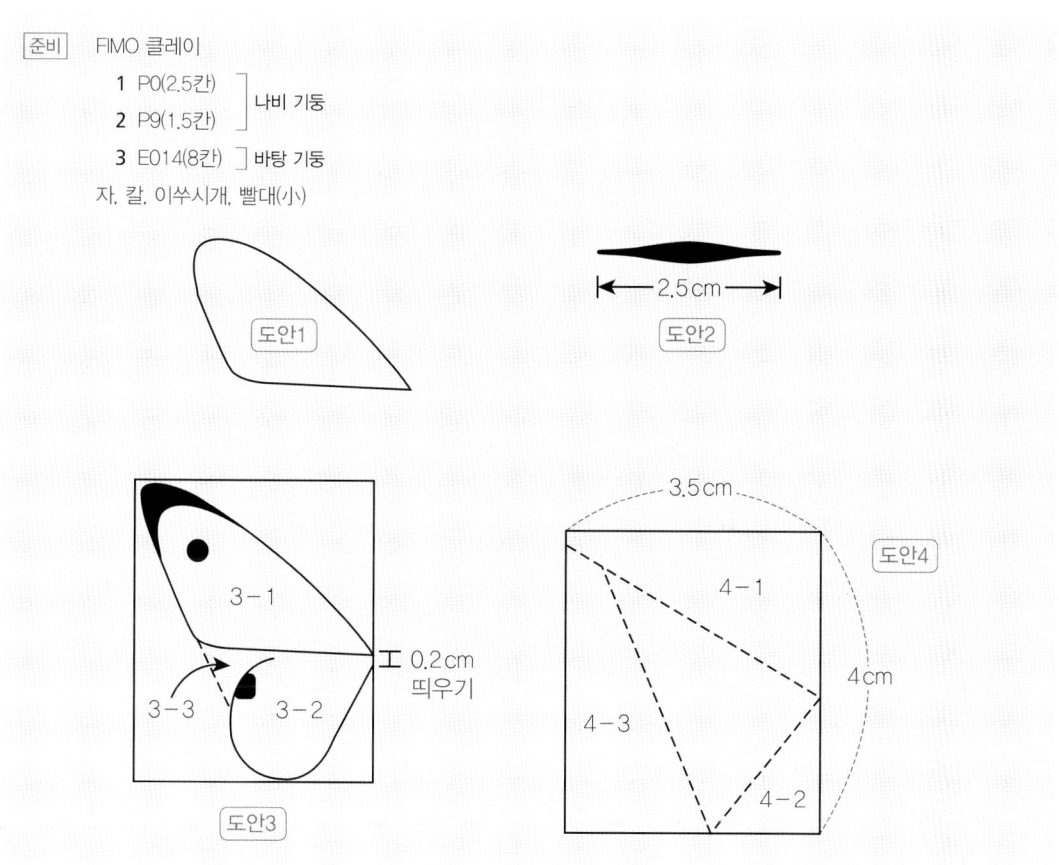

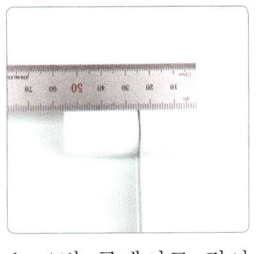  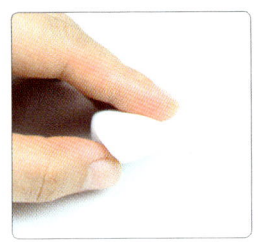 

1 1번 클레이로 길이 5.5cm의 원기둥을 만든 다음 3cm와 2.5cm로 나눈다.

2 3cm 기둥을 도안1과 같은 모양으로 다듬는다.

3 도안3-1의 점 위치에 이쑤시개로 구멍을 뚫고 구멍의 중심부분을 수직으로 자른다.

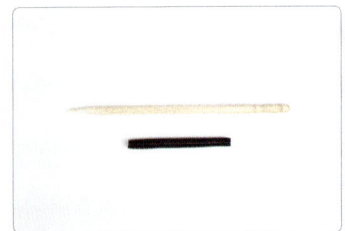  

4 2번 클레이 소량으로 이쑤시개와 같은 굵기의 원기둥을 만들어 홈에 끼우고 자른 기둥을 다시 조합한다.

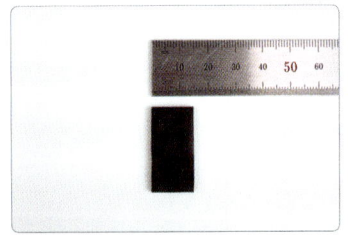  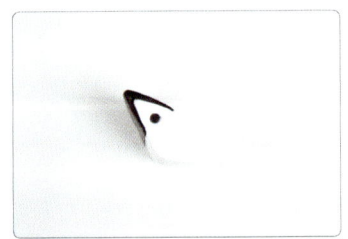

5 2번 클레이로 1.5×3cm 시트(다이얼 ①)를 만들어 도안2처럼 유선형으로 다듬고 날개의 윗부분에 붙인다(도안 2, 3-1).

6 2번 클레이로 시트(다이얼 ⑨)를 만들어 시트 감기 한다. * 78쪽 Tip1 참고

7 1에서 만든 2.5cm 기둥을 3cm로 늘인 후 도안3-2와 같이 다듬는다.

8 도안3-2의 점 위치에 반원만큼의 홈을 내고 2번 클레이 소량으로 원기둥을 만들어 홈에 끼운다.

9 2번 클레이로 시트(다이얼 ⑨)를 만들어 사진과 같이 날개가 겹쳐지는 부분은 남겨두고 시트 감기 한다. * 78쪽 Tip1 참고

10 6과 9의 두 기둥으로 날개를 조합한다(도안3).

11 3번 클레이 0.2칸으로 높이 3cm의 바탕 기둥을 만들어 날개 사이의 홈에 끼운다(도안3-3).

12 3번 클레이로 3.5×4cm 높이 3cm인 사각기둥을 만든 다음 점선을 표시하고 자른다(도안4).

13 각각의 삼각기둥(4-1, 4-2, 4-3)의 양 끝을 뾰족하게 다듬는다.

14 10에서 만든 날개에 4-1, 4-2 기둥을 차례로 붙인다. 날개가 만나는 부분 약 0.2cm는 검은색 시트가 보이도록 비워둔다. 나중에 나비의 몸통을 붙일 부분이다.

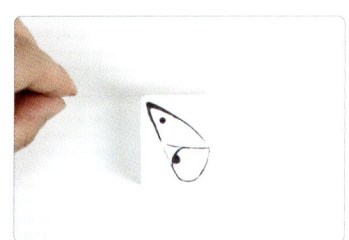

15 4-3 기둥을 붙인 다음 가장자리를 반듯하게 자른다(도안3).

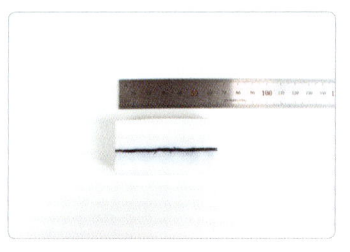

16 날개 기둥을 6cm로 늘인 다음 3cm씩 2등분한다.
* 23쪽 케인 늘이는 방법 참고

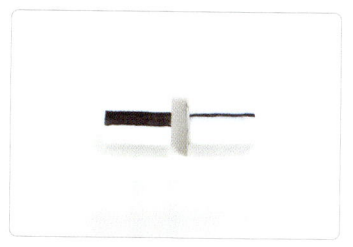 

17 2번 클레이로 0.6×3cm의 시트(다이얼 ⑥)를 만들어 한쪽 날개 기둥에 붙인다.

18 반대쪽 기둥을 조합하여 나비 케인을 완성한다.

괭이밥 꽃의 꽃말은 '빛나는 마음'이에요.
케인을 완성하여 그림을 그리듯 표현하는 *cane painting*
기법으로 나만의 액세서리를 만들어보세요.

배향화 작가

14 The shining soul 브로치

준비 FIMO 클레이
  1 P0-1칸
  2 E014-0.5칸

(괭이밥 꽃, 잎, 나비)케인, 디자인 칼, 브로치 핀, 순간접착제, 메탈릭 골드 물감, 붓, 밀대, 아트레진, 토치

※ 메탈릭 물감 : 은은한 펄감으로 채색 후 빨리 건조되며 보존력이 오래도록 지속되는 장점을 지니고 있다. 마른 붓으로 가볍게 채색하면 된다. 리퀴드 리프 페인트(liquid leaf paint, classic gold 색상), 아마코 메탈릭 왁스(amaco metallic wax, gold leaf 색상) 중 선택

도안1

도안2

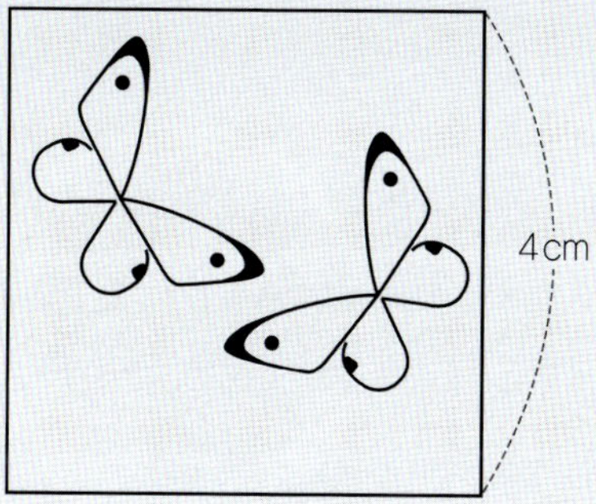

도안3

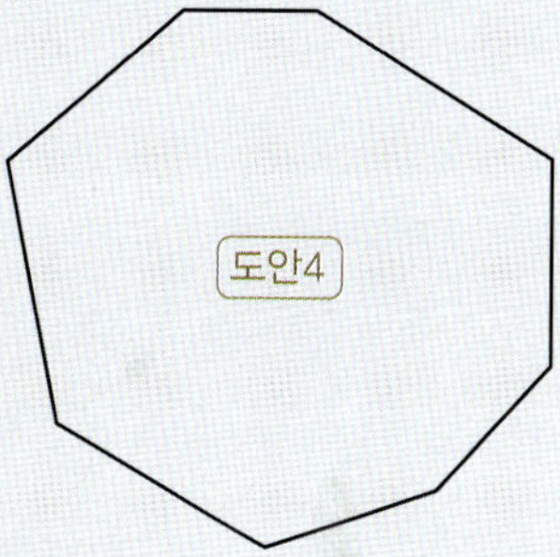

도안4

1 케인을 얇게 잘라 칩을 만들고 디자인 칼로 칩의 바탕을 자른다.
* 꽃 : 7개(지름 1.2cm), 잎 : 5개(지름 2.3cm), 나비 : 2개(가로 2.3cm)

2 1번 클레이(다이얼 ②)와 2번 클레이(다이얼 ⑥)로 도안1 크기의 시트를 만든 다음 2번 시트를 위로 올려 포갠다.

3 시트에 잎을 붙이고 밀대로 가볍게 민다(도안1).

※ 얇은 칩은 손으로 만지면 쉽게 부러지기 때문에 디자인 칼로 옮겨 붙여야 한다.

4 꽃과 나비를 붙인 다음 밀대로 가볍게 민다(도안2, 3).

5 도안4를 올려 테두리를 자른 다음 오븐에 굽는다.

6 브로치의 테두리와 뒷면에 메탈릭 골드 물감으로 채색한다.

7 레진을 도포한다.

* 128쪽 레진 도포하는 방법 참고

8 뒷면에 브로치 핀을 순간접착제로 붙여 브로치를 완성한다.

동일한 방법으로 키링, 부토니에, 액세서리 거치대 & 티 매트로 만들 수 있다.

ORNAMENT
작은 꾸밈으로 미소 짓게 하다

15 이니셜 tag
16 테라조 문양 태슬 키링
17 구르미 피어싱&귀걸이 정리대
18 크리스마스 마그넷
19 가죽 트리 무드등
20 가죽 핼로윈 리본
21 따뜻함을 품은 코바늘&니들 마인더
22 애정을 머금은 액자
23 수채화 단추
24 동글동글 앨리스 Level Ⅰ
25 눈꽃 백설공주 Level Ⅱ
26 별빛 인어공주 Level Ⅲ
27 엉뚱한 상상
28 나는, 꽃
29 부리부리 왕눈이
30 보고 또 보고, 모빌
31 조각보 케인
32 꽃 수놓은 타래버선
33 알록달록 색동배자
34 썬캐처

반영구적인 가죽클레이로 원하는 문구나
이니셜을 새겨 나만의 특별한 네임택을 만들어보세요.
특별한 분께 선물하기에도 좋은 아이템이에요.

이나현 작가

15 이니셜 tag

준비 FIMO 클레이
E519(1칸)
아일렛(지름 0.25cm), 스탬프, 키친타월, 에탄올, 마끈 또는 지끈, 아크릴물감, 스펀지, 머신

1 클레이를 반죽하여 타원형 모양으로 편다(스탬프 크기에 따라 클레이 양 조절).

2 머신에서 시트(다이얼 ①)를 만든다.

3 스탬프를 찍는다.

4 원형틀이나 지름 약 0.25cm인 빨대로 구멍을 뚫는다.

5 시트가 매끄러워지도록 손가락으로 가볍게 문질러 다듬은 후 오븐에 굽는다.

6 스펀지에 아크릴물감을 묻혀 스탬핑한 부분과 시트의 가장자리를 채색힌다.

7 아크릴물감이 마르기 전에 손가락에 물티슈를 감싸고, 옆으로 밀어 닦는다.

8 키친타월로 물기를 닦는다. 남은 아크릴물감은 키친타월에 에탄올을 묻혀 깨끗이 닦는다.

※ 에탄올은 휘발성이 강하므로 아크릴물감을 빨리 닦아낸다.

9 아일렛에 순간접착제를 바른 후 구멍에 끼운다.

10 마끈이나 지끈으로 연결한다.

TIP

네임택이나 태그는 핸드메이드 카드, 선물포장, 키링, 액세서리 등 다양한 용도로 활용할 수 있다.

가죽 클레이는 습기에 강하며 다양한 색상으로
문양을 자유롭게 표현할 수 있는 장점을
지니고 있어요. 좋아하는 색과 문양으로
태슬을 만들어보아요.

이나현 작가

16 테라조 문양 태슬 키링

준비   FIMO 클레이
    1 E519-3.5칸
    2 E809-0.5칸
    3 E29-0.5칸

머신, 커터 칼(大), 쇠자, 순간접착제, 볼펜, 매듭끈(2cm), 종이포일(랩), 밀대, 키링, O링, 니퍼, 태그 클레이(97쪽 참조)

TIP

1 가죽 시트를 머신에서 만들 때 처음부터 다이얼 ⑦에서 내리지 말고 ①-③-⑦ 다이얼 순서로 내려서 얇게 편다.

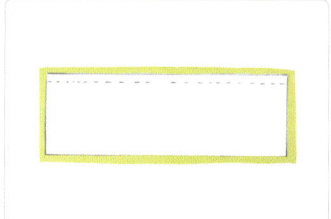  

2 가죽 시트를 오븐에 구우면 너비가 줄어들기 때문에 원하는 크기보다 여유를 두고 잘라야 한다.

3 가죽클레이를 자를 때에는 자를 대고 커터 칼의 칼끝으로 잘라야 깔끔하게 잘린다.

4 오븐에서 구운 시트에 종이가 들러붙은 경우에는 물을 듬뿍 적신 후에 쇠자로 긁어서 떼어낸다.

1 1번 클레이를 반죽하여 손으로 넓게(10×4cm) 편다.

2 클레이를 머신(다이얼 7)에 가로 방향으로 넣고 넓게 편다.
※ 시트가 우둘투둘 해졌다면 손으로 문질러서 매끄럽게 다듬는다.

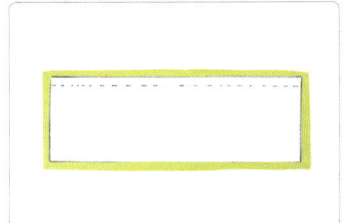

3 17×6cm 종이를 대고 종이보다 2mm 정도 여유를 두고 자른다.

4 2,3번 클레이로 시트(다이얼 9)를 만든다.

5 2번 클레이 시트를 손으로 찢어서 시트 위에 자유롭게 붙인다.

6 3번 클레이 시트를 손으로 찢어서 시트 위에 자유롭게 붙인다.

7 종이포일을 덮고 밀대로 밀어서 시트를 평평하게 만든 후 오븐에 굽는다. ※ 랩일 경우 랩이 주름지지 않도록 잡아당기면서 붙인다.

8 시트의 사방을 반듯하게 자른다. *Tip 참고

9 시트 뒷면의 윗부분 약 1cm 지점에 볼펜으로 선을 긋는다.

10 선에서부터 수직으로 반듯하게 약 2~3mm 간격으로 자른다.

11 끈을 반으로 접은 다음 1cm 선을 그은 시트의 끝부분에 접착제를 발라 붙인다. 쇠자로 끈을 눌러서 접착이 잘 되도록 한다.

12 끈 위에 접착제를 한 번 더 바른 후 0.2~3mm 정도 시트를 감아 10초간 꾹 눌러 끈이 잘 고정되도록 한다.

13 1cm 선 위로 접착제를 2cm 길이만큼 바른 다음 시트를 말고, 다시 접착제를 바르고 시트 말기를 반복하여 태슬을 완성한다.

 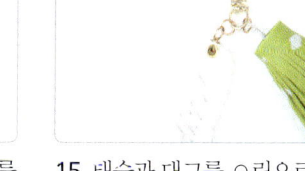 

14 클레이로 시트를 만들어 태그를 만든다. *97쪽 참고

15 태슬과 대그를 O링으로 연결하여 키링을 완성한다.

화장대 위에 구름을 띄워 데일리로 사용하는
귀걸이를 꽂아보세요.
나의 하루는 특별하니까요.

이나현 작가

17 구르미 피어싱&귀걸이 정리대

준비 FIMO 클레이
  1 E803(8칸)
  2 E803(8칸)
  ※ 미니 구르미 E803(4칸) / 받침대 E803(4칸)
  타일, 도안, 도트봉, 원형틀(지름 0.2mm), 밀대, 스펀지붓

1 1번 클레이로 구를 만든다.

2 두께 0.6mm 타일을 구의 중심에 올린 다음 좌우 번갈아가며 눌러 홈을 낸다.

   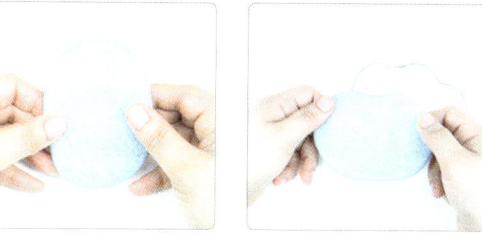

3 누르면서 거칠어진 부분은 스펀지 붓으로 다듬는다.

4 2번 클레이로 구를 만든 다음 납작하게 눌러 도안보다 작은 모양으로 다듬는다(도안).

5 시트의 가장자리를 도트봉으로 누르고 손으로 다듬어 도안과 같은 모양으로 만든다.

6 시트를 밀대로 밀어 평평하게 편다. 이때 시트가 늘어나지 않게 주의한다.

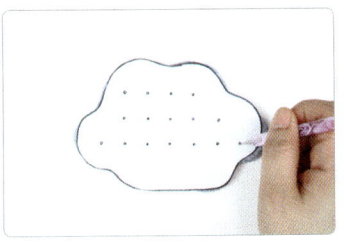

7 도트봉으로 도안의 점을 시트에 찍는다.

8 점이 찍힌 부분을 지름 0.2mm 원형틀로 뚫는다.

9 시트를 뒤집어 구멍이 뚫린 부분을 다시 한번 더 뚫어서 깔끔하게 다듬은 다음 3의 받침대와 함께 오븐에 굽는다.

10 완전히 식은 다음 9와 같은 온도와 시간에서 오븐에 한 번 더 굽는다.

11 미니 구르미도 동일한 방법으로 만든다.

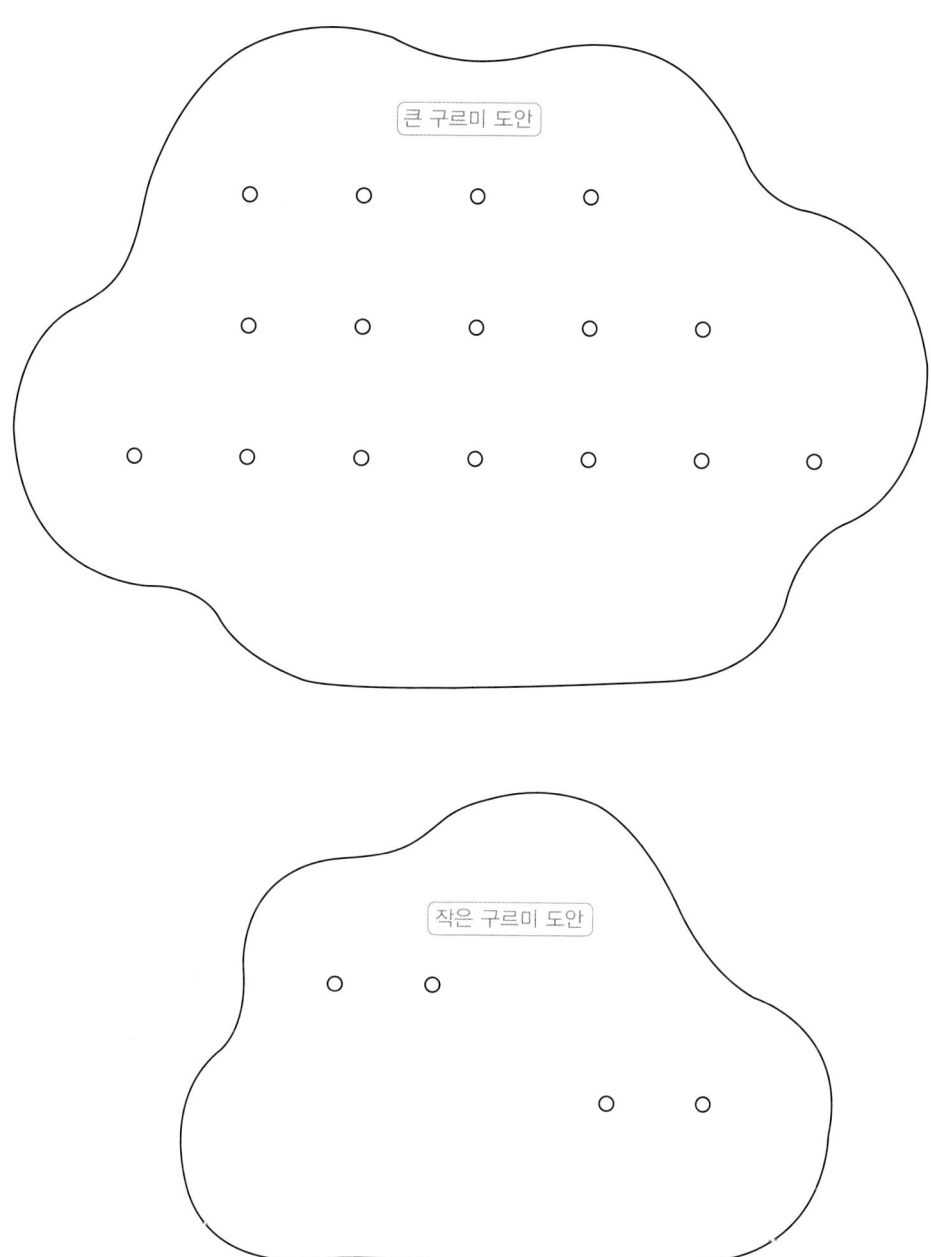

앙증맞고 귀여운데 만들기도 이렇게 쉽다니!
아이와 함께 다채로운 색깔로 색다른 모양을
만들어도 좋을 거예요.

김현수 작가

18 크리스마스 마그넷(양말, 눈사람, 트리, 공)

[준비] FIMO 클레이
1 K2(2칸)
2 K0(2칸)
3 K9(0.1칸)
4 K262(1칸)
5 K4(0.5칸)
6 K5(2칸)

모양틀(하트, 타원, 큰 원, 작은 원, 트리), 칼, 밀대, 도트봉, 원형자석(두께 1mm, 지름 8~10mm), 순간접착제, 니트릴장갑 등

※ 모양틀이 없으면 디자인 칼로 모양대로 잘라내도 좋다.

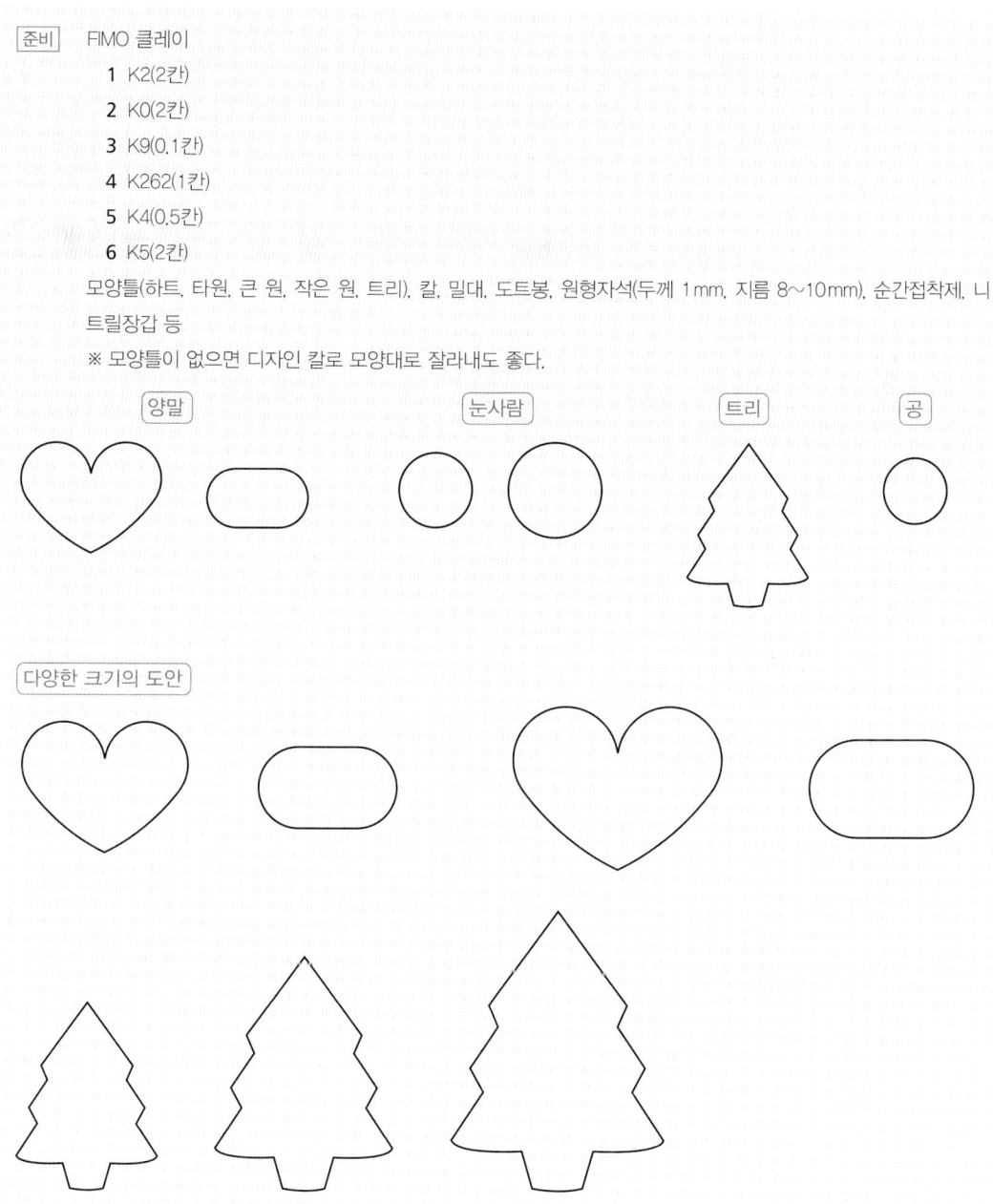

크리스마스 양말

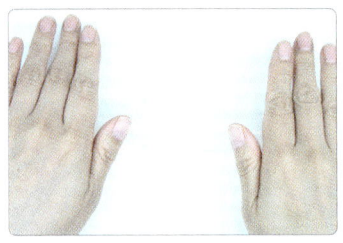

1 1, 2번 클레이를 각각 밀대로 밀어서 두께 0.4~0.5cm로 편다.

2 1번 클레이에 하트 모양틀을 찍는다.

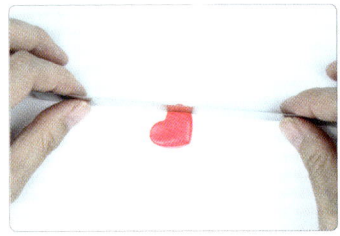

3 하트 모양의 한쪽 끝을 살짝 자른다.

4 2번 클레이에 타원형 틀을 찍는다.

5 모양 클레이 두 개를 사진과 같이 조합한 뒤 잘 붙도록 다듬어 크리스마스 양말을 완성한다.

눈사람

6 1, 2번 클레이를 밀대로 밀어서 두께 0.4~0.5cm로 편다.

7 2번 클레이에 크기가 다른 원형 틀을 찍는다.

8 두 원을 붙여 눈사람 몸통을 만든다.

9 1번 클레이를 눈사람 머리보다 작은 삼각형으로 자른다.

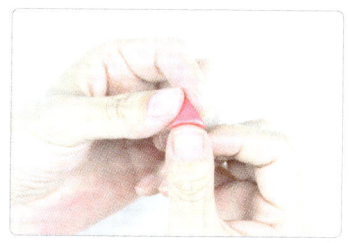

10 엄지와 검지로 삼각형 양 끝을 살짝 휘어 한쪽을 곡선으로 만든 다음 눈사람 머리에 붙이고 다듬는다.

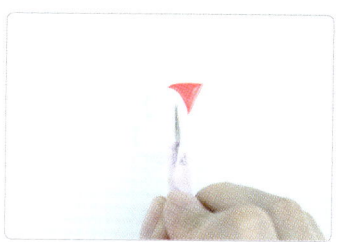

11 눈사람의 눈 위치를 도트봉으로 눌러 표시한다.

12 3번 클레이로 눈을 만든 다음 홈에 붙이고, 접착이 잘 되도록 살짝 누른다. *Tip 참고

13 4번 클레이 소량을 이쑤시개 굵기로 늘인다.

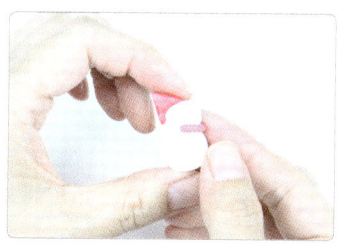

14 눈사람의 목 뒷면에서 시작하여 한 바퀴 두른 다음, 잘 붙도록 살짝 누른다.

15 5번 클레이 소량을 가늘게 늘이고 한쪽 끝을 뾰족하게 만든 뒤 칼로 자른다.

16 잘라낸 조각을 눈사람 코 부분에 올린 다음, 잘 붙도록 손으로 살짝 눌러 눈사람을 완성한다.

크리스마스트리

17 6번 클레이를 밀대로 밀어 두께 0.4~0.5cm로 편 다음, 나무모양 틀을 찍는다.

18 트리 장식 부분을 도트봉으로 눌러 6개 표시한다.

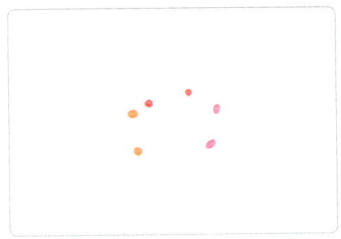  

19 1,2,4,5번 클레이로 구슬을 만든 다음 홈에 붙인 뒤 손으로 살짝 눌러 크리스마스트리를 완성한다. ＊Tip 참고

색깔 공

20 남은 클레이들을 손바닥으로 굴려서 지름 약 1cm의 구슬을 만든다. 클레이를 섞어서 만들어도 좋다.

21 공을 손가락으로 살짝 눌러 한쪽 면을 평평하게 만들어 색깔 공을 완성한다.

22 5, 16, 19, 21에서 만든 클레이를 오븐에 굽는다.

23 자석에 순간접착제를 발라 구운 클레이 뒷면에 붙인 다음 잘 붙도록 잠시 눌러 크리스마스 마그넷을 완성한다.

※ 안전을 위해 장갑을 끼고 작업한다.

TIP
구슬 만드는 방법

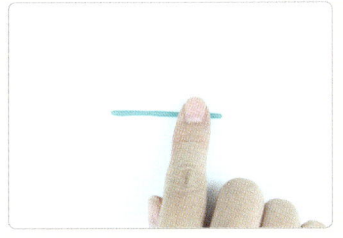  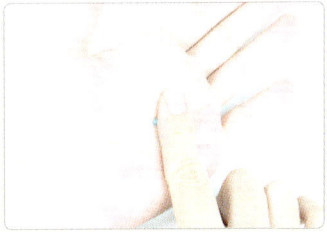

1 클레이를 손가락으로 굴려 가늘게 만든다.

2 원하는 크기만큼 자른다.

3 손바닥 위에 올리고 검지로 굴린다.

바라만 보아도 포근함이 느껴지는 무드등.
가죽 효과 클레이와 미니 조명으로
밝고 따뜻한 겨울을 만들어보면 어떨까요.
도안과 모양 커터를 이용해 누구나 쉽고 간단하게
만들 수 있어요.

19 가죽 트리 무드등

준비 FIMO 클레이
1 E369(4칸) ┐ 초록 나무 부분
2 E779(2칸) ┘ 아래기둥 부분
원형틀(지름 8mm, 2mm), 디자인 칼, LED 티라이트 조명, 커터 칼

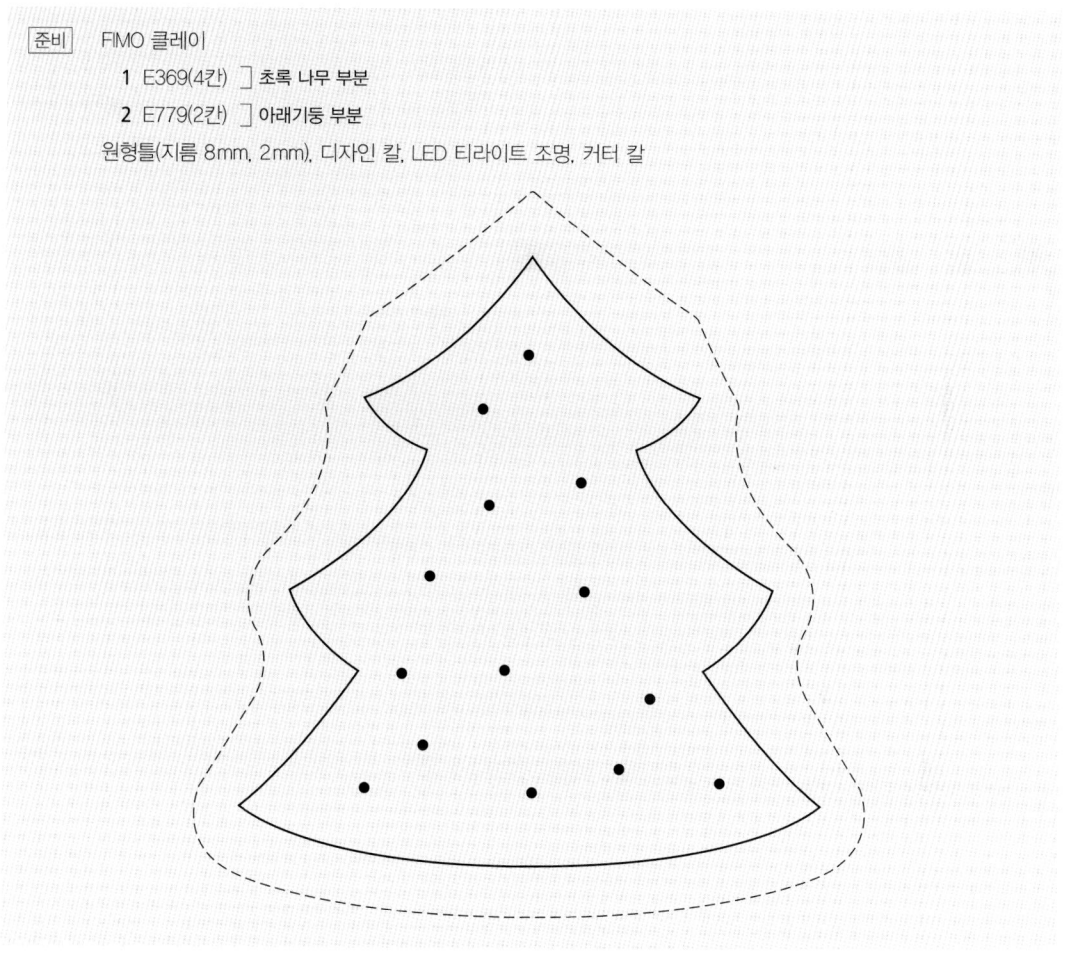

TIP
도안의 점선 부분은 구운 후 수축을 감안하여 그린 것이므로 완전히 정확하게 자르지 않아도 된다.

1 1번 클레이를 10×5cm 크기로 넓게 편 후 시트(다이얼 6)를 만든다. *101쪽 태슬 Tip 참고

2 도안을 올리고 디자인 칼로 도안의 점선을 따라 4장 자른다.

3 동그라미 부분을 뾰족한 도구로 표시한다.

4 8mm 원형틀로 동그라미를 뚫는다.

5 동그라미 사이사이 빈 공간을 2mm 원형틀로 뚫은 다음 오븐에서 굽는다.

6 2번 클레이로 LED 티라이트 높이보다 0.5cm, 둘레보다 1cm 길게 시트(다이얼 5)를 만들어 오븐에 굽는다. *101쪽 태슬 Tip 참고

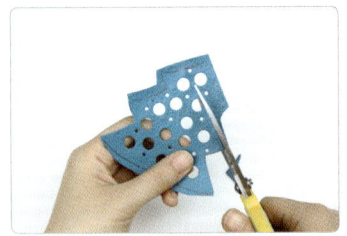

7 5,6에서 구운 시트 위에 실선으로 자른 도안을 올려 볼펜으로 선을 그린 다음 가위로 자른다.

8 시트의 한 쪽 가장자리에만 접착제를 바른 다음 시트의 안과 안이 만나게 잡고 손으로 5초 이상 눌러 2장을 연결한다.

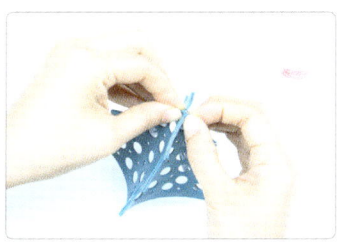  

9 시트 4장을 사진과 같이 접착제로 연결하여 트리 갓을 만든다.

10 7에서 자른 2번 클레이 시트를 티라이트의 둘레와 높이에 맞게 커터 칼로 잘라 접착제로 붙인다.

11 티라이트 기둥 윗부분에 접착제를 발라 나무의 끝을 모아 붙인다.

12 티라이트 바닥의 스위치를 켜면 무드 등 완성!

귀여운 꼬마 아가씨를 위한 핼러윈 리본핀.
가죽 효과 클레이를 이용해 아이들 액세서리에도
고급스러운 가죽 느낌을 내보세요.
한층 더 멋진 숙녀가 될 수 있답니다.

김미현 작가

20 가죽 핼러윈 리본

| 준비 | FIMO 클레이 |
| 1 E749(3칸) ☐ 리본 부분
| 2 E909(3칸) ☐ 뒷날개 부분
공예용 금박지, 디자인 칼, 흰색 펜

| 도안 | 223쪽

1 1, 2번 클레이에 공예용 금박지를 각각 1장씩 넣어 섞는다. 취향에 따라 공예용 금박지는 더 넣어도 된다.

2 1번 클레이를 손으로 넓게(4×7cm) 편 다음 시트(다이얼 6)를 세로 방향으로 길게 머신에서 내린다.

3 2에서 내린 시트 위에 도안1을 대고 도안의 점선대로 자른다.

4 2번 클레이를 7×7cm 크기로 넓게 편 다음 시트(다이얼 6)를 만들어 도안2, 4를 1장씩 점선대로 자른다.

5 4에서 남은 클레이로 시트(다이얼 7)를 다시 만들어 도안3을 점선대로 2장 자른다.

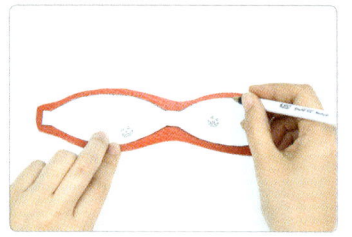  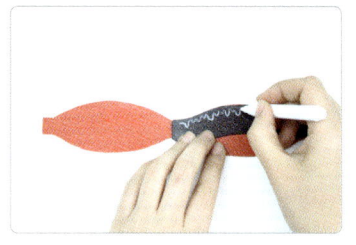

6 3~5에서 만든 시트를 오븐에서 구운 다음 실선으로 자른 도안을 위에 올려 볼펜으로 선을 그린 후 자른다.

7 도안3의 점선대로 자른 검정 시트를 올리고 흰색 펜으로 구불구불한 모양을 그린다(2장). 위쪽 라인은 도안3의 실선대로 미리 자른다.

8 흰색 라인을 디자인 칼이나 가위로 자르고 순간접착제를 사용하여 리본 위에 붙인다.

9 도안1을 참고하여 디자인 칼로 호박 얼굴 모양을 자른다.

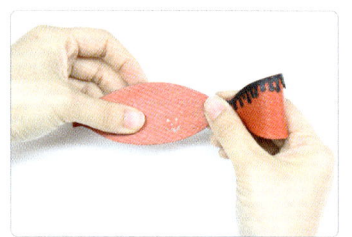 

10 중심에 순간접착제를 바르고 양 끝을 붙여서 리본 모양으로 만든다.

11 10에서 붙인 리본을 도안2 시트 위에 붙이고 도안4 시트의 가운데만 리본 앞부분에 붙인다.

12 리본을 뒤집은 상태에서 집게 핀을 벌려 뒷면에 댄 후 띠(도안4)의 가장자리에 순간접착제를 바르고 모아 붙여서 집게 핀을 고정한다.

13 핼러윈 리본핀 완성이다.

4에서 남은 2번 클레이로 4×2cm의 시트를(다이얼 7) 만들어 오븐에서 구운 다음 호박얼굴을 덮을 크기로 잘라 리본 안쪽에 붙이면 호박얼굴을 선명하게 할 수 있어요.

엄마가 떠주신 뜨개옷 하나에 담긴 추억처럼
언제나 손길이 닿는 가까운 곳에 애정하는
소장품을 만들어 두고 싶어 즐겨 사용하는
코바늘에 클레이로 옷을 입혀 보았어요.

나영림 작가

21 따뜻함을 품은 코바늘&니들 마인더

준비 Sculpey Premo 클레이
원하는 색상 약간씩 5038, 1628, 5525, 5504, 5107 각 2g
클레이건, 코바늘, 내열성(고온) 자석, 병뚜껑, 순간접착제
※ 자석은 고온에 약하여 오븐에서 구우면 자력이 약해지기 때문에 내열성 네오디움 자석이나 페라이트 자석을 사용하도록 한다.

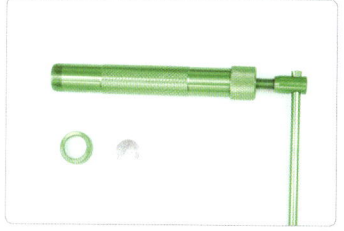

1 클레이건과 가장 작은 동그라미 디스크를 준비한다.

2 원기둥을 만들어 0.5cm 간격으로 자른 다음 서로 다른 색이 겹치도록 붙인다.

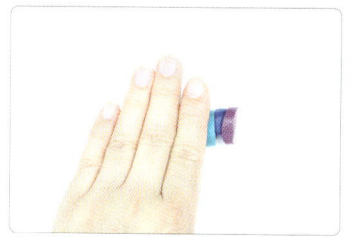

3 손으로 굴려 클레이건보다 얇은 크기의 원기둥을 만든다.

4 원기둥을 클레이건에 넣는다.

5 클레이건 손잡이를 돌려 길고 가는 클레이를 압출한다.

6   클레이를 약 16cm 길이로 24가닥 내외를 준비한다.

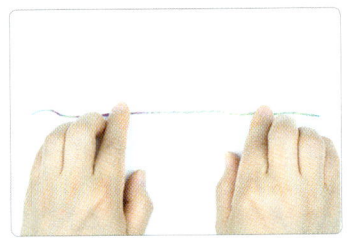

7   두 가닥을 잡고 왼쪽은 아래로 오른쪽은 위로 꼬아 첫 번째 줄을 만든다. 이와 같은 방법으로 총 6가닥의 줄을 만든다. 꼬임의 간격이 동일하도록 한다.

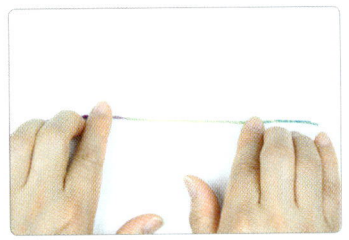

8   다시 두 가닥을 잡고 7과는 반대로 왼쪽은 위로 오른쪽은 아래로 꼬아서 두 번째 줄을 만든다. 같은 방법으로 총 6가닥의 줄을 만든다.

※ 프레모는 피모에 비해 단단하지 않으므로 너무 힘을 주어 꼬면 뭉개지니 주의해야 한다.

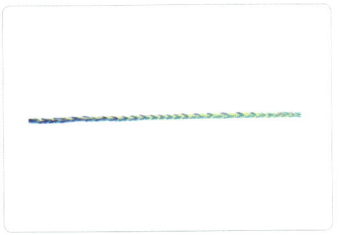

9   7, 8의 줄을 하나씩 붙여서 한 쌍의 뜨개 줄을 만든다.

10 총 6쌍의 뜨개 줄을 만든 다음 각각 반으로 자른다.

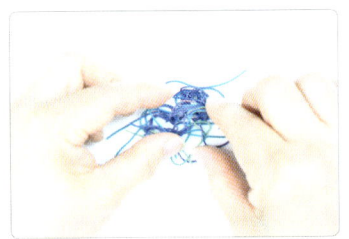

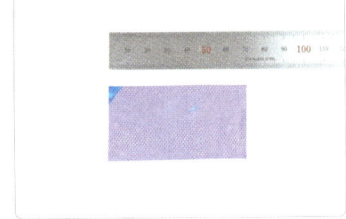

11 남은 클레이를 뭉쳐서 바탕 시트(7×4cm, 다이얼 7)를 만든다. 코바늘 두께에 따라 시트 크기를 조절한다.

12 시트 위에 10에서 만든 줄을 차례로 붙인다.

13 양옆 가장자리를 반듯하게 자른 다음 손으로 가볍게 눌러 바탕 시트와 접착한다.

14 코바늘에 뜨개 시트를 한 바퀴 감아 붙인 다음 남은 시트를 칼로 잘라 다듬는다.

15 손잡이 양 끝의 가장자리를 반듯하게 자른다.

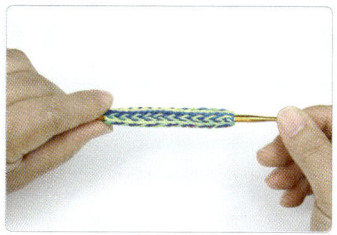

16 양 끝을 안으로 모으며 다듬는다.

17 12와 같은 방법으로 제작한 뜨개 시트를 원형틀로 자른다.

18 병뚜껑 안에 자석을 넣고 나머지 부분은 남은 클레이로 채워 덮는다.

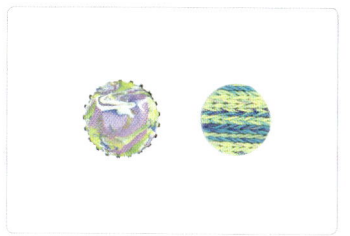

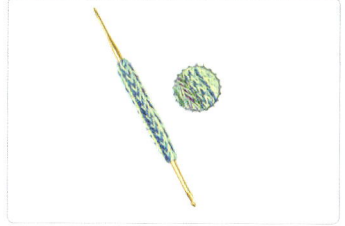

19 뜨개 시트를 병뚜껑 위에 그대로 덮고 16의 코바늘과 함께 오븐에 구워 니들 마인더와 코바늘을 완성한다.

※ 구울 때 클레이 부분이 바닥에 닿지 않게 구워야 눌림 없이 구울 수 있다.

사랑하는 사람의 사진이나 좋아하는 그림들을
어떻게 보관하세요? 클레이로 작은 액자 하나
만들어 오랫동안 간직하고 싶은 사진이나
그림을 넣었더니 따뜻한 미소가 지어져요.

나영림 작가

22 애정을 머금은 액자

준비 FIMO 클레이 P0(0.5칸)
미니 액자, 분무기, 레이저프린트, 레진, 디자인 칼, 나무막대, 약병, 토치, 플라스틱 통, 자석, 도트봉

1 그림을 액자 크기에 맞게 레이저프린터로 출력한다.

※ 잉크젯프린터로 출력한 경우는 잉크가 작업 중 지워져 그림을 남길 수가 없다.

2 흰색 클레이로 시트(다이얼 4)를 만든다.

3 흰색 클레이에 그림을 뒤집어 붙이고 손가락으로 문지르며 밀착시킨다.

4 분무기로 그림이 물에 적셔지도록 물을 살짝 뿌린다.

5 종이가 충분히 젖도록 잠시 기다렸다가 손으로 살살 문질러 흰색 종이 부분만을 분리시킨다. 이때 너무 세게 문지르면 그림이 뭉개지거나 완전히 벗겨 질 수 있으니 최대한 천천히, 살살 문지른다.

6 액자의 크기에 맞추어 모양틀이나 디자인 칼로 자른 다음 액자에 끼운다.

7 약병에 아트레진(레진＋경화제)을 1 : 1비율로 담는다.

8 레진과 경화제가 혼합이 되도록 나무막대로 3분 이상 젓는다.

9 그림에 레진을 도포한 다음 토치로 기포를 없앤다. 이때 액자를 수평한 곳에 두어야 한다.

10 먼지가 타지 않도록 플라스틱 통을 덮는다(레진이 완전히 경화되기까지 24시간 소요).

11 레진이 완전히 경화되면 순간접착제를 사용하여 액자 뒷면에 자석을 붙여 메모자석 등으로 완성한다.

수채화를 그린 듯한 은은하고
자연스러운 색의 느낌을 클레이로
담아보았어요. 단추로도, 장식품으로도
다양하게 사용할 수 있답니다.

나영림 작가

23 수채화 단추

준비 FIMO 클레이
  1 S0(1칸)
  2 E112(1칸)
  3 E014(1칸)
  4 E112(1.5칸)
피모 금박 1장, 파스텔, 원형틀, 이쑤시개, 칼, 도트봉

1 1번 클레이와 2번 클레이를 손으로 넓게(8×4cm) 편다.

2 머신에서 각각 시트(다이얼 ③)를 만든다.
＊21쪽 시트 만드는 방법 참고

3 시트를 서로 포갠 다음 머신에서 더 얇은 시트(다이얼 ⑤)로 만든다.

4 파스텔 6가지 색상을 칼로 긁어 가루로 만든다.
※ 진한 색일수록 드라마틱한 효과를 낼 수 있다.

5 흰색 시트 위에 손이나 붓으로 파스텔의 색상이 고루 분포하도록 채색한다.

6 금박을 뜯어 붙인다.

7 3번 클레이로 시트(다이얼 [7])를 만들어 위에 덮는다.

8 머신에서 더 얇은 시트(다이얼 [5])로 만든다.

9 4번 클레이를 손으로 넓게 편 다음 시트(다이얼 [3])를 만든다.

10 8의 시트를 손으로 뜯어 바닥의 금색 시트가 보이지 않도록 꼼꼼히 붙인다. 시트끼리 겹쳐도 된다.

11 종이포일을 덮고 밀대로 평평하게 편 다음 머신에서 더 얇은 시트(다이얼 [3])로 만든다.
※ 바닥에 붙은 시트는 칼을 눕혀 바닥을 긁으면서 떼어내야 찢어지지 않는다.

12 원형틀로 찍어 단추 모양을 만든다.

13 도트봉을 사용하여 구멍을 뚫은 다음 오븐에서 구워 수채화 단추를 완성한다.

귀걸이나 콧수링 등으로 만들 수 있다.

초보자도 쉽게 만들 수 있는 앨리스 케인이에요.
간단하면서도 귀엽기까지 한 앨리스와 함께해요.

안계숙 작가

24 동글동글 앨리스 Level Ⅰ

준비 FIMO 클레이
  1 P0(1칸)+P02(0.5칸) 혼합] 얼굴
  2 P300(0.5칸)] 눈
  3 P100(1.2칸)] 머리카락
  4 P100(1.5칸)] 테두리
  5 P9(0.3칸)] 액세서리
  원형틀(지름 0.6cm), 배지, 디자인 칼, 이쑤시개, 순간접착제

도안 137쪽

1 2번 클레이로 원기둥(지름 1cm, 높이 2.5cm)을 만들고, 1번 클레이로 시트(다이얼 ④) 감기 한다. *22쪽 시트 감기 참고

2 1번 클레이로 반원 형태의 높이 1.5cm인 얼굴 기둥을 만든다(도안 1). *Tip 참고

3 도안1을 참고하여 눈의 위치를 표시한다.

4 눈의 위치에 지름 0.6cm 원형 틀로 구멍을 뚫는다.

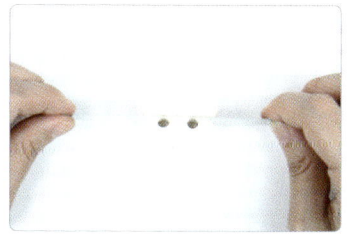

5 눈의 위치에 칼을 대고 수직으로 자른다. *24쪽 기둥을 세로로 분할하는 방법 참고

6 1의 원기둥을 늘여서 원형틀 굵기로 높이 1.5cm의 눈 기둥 2개를 만든다.

7 홈에 눈 기둥 2개를 끼운다.

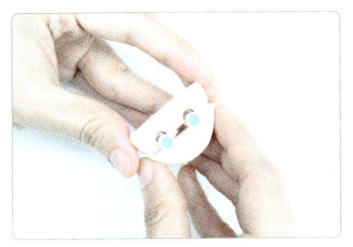 

8 얼굴 기둥을 홈에 맞춰서 조합한다.

9 3번 클레이로 반원 형태의 머리 기둥을 만든 다음, 얼굴 기둥과 조합한다. *Tip 참고

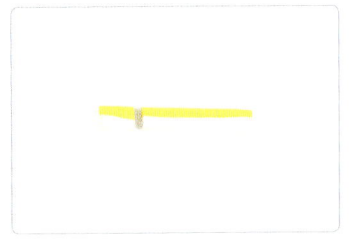 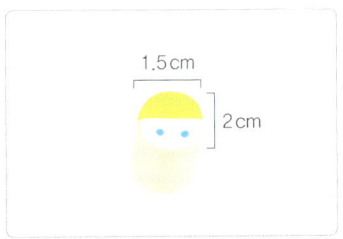

10 얼굴 케인을 지름 1.5cm가 되게 늘인 다음, 높이 2cm로 자른다.

11 4번 클레이로 시트(다이얼 [2]) 감기를 2번하여 기본 케인1을 완성한다.
*22쪽 시트 감기 방법 참고

12 기본 케인1을 두께 약 0.3cm로 자른다.

13 4번 클레이로 시트(다이얼 [6])를 만든 다음, 칩을 올리고 테두리를 따라 자른다.

14 4번 클레이로 시트(다이얼 [6])를 만든 다음, 칩 두께에 맞게 자른다.

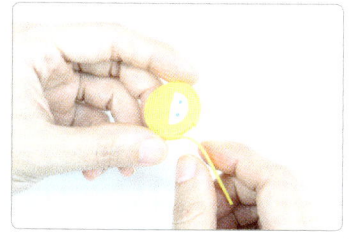

15 14에서 자른 클레이로 칩을 시트 감기 한다.

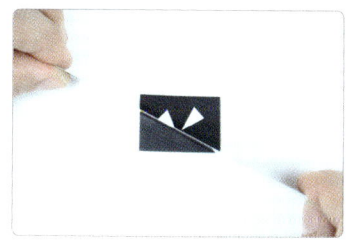

16 5번 클레이로 시트(다이얼 [7])를 만든 다음, 도안2를 대고 잘라 사진과 같이 리본 모양으로 붙인다.

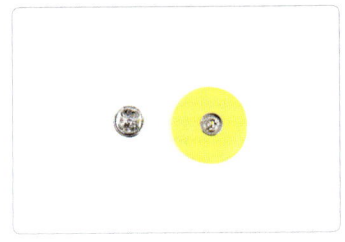 

17 오븐에 구운 다음, 순간접착제를 사용하여 뒤에 배지를 붙여 완성한다.

TIP
반원기둥 만드는 방법

1 클레이로 원기둥을 만든다.

2 원기둥을 바닥에 눕힌 채로 윗면을 눌러 바닥에 닿는 면이 반듯해지도록 한다.

3 윗면의 양 끝을 아래로 눌러 반원 모양의 원기둥으로 다듬는다.

24 동글동글 앨리스

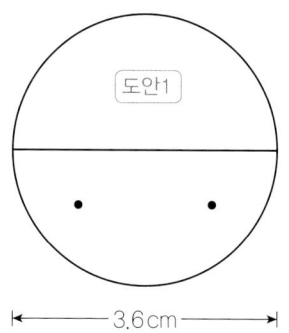

25 눈꽃 백설공주

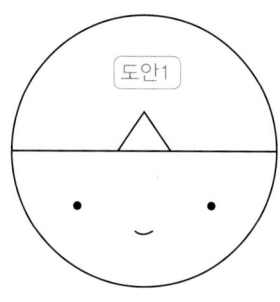

26 별빛 인어공주

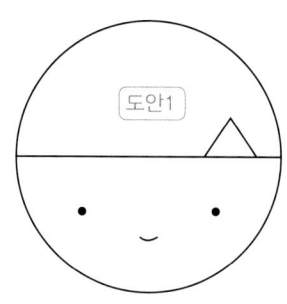
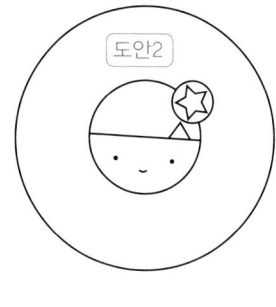

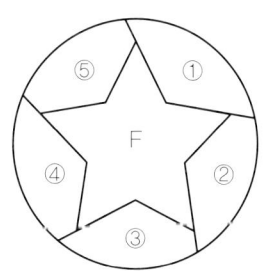

앨리스를 만들어봤다면 난이도를 조금 높여
백설공주를 만들어볼까요?
다양한 헤어스타일로 나만의 백설공주를
만들어봐요.

안계숙 작가

25 눈꽃 백설공주 Level Ⅱ

준비 | FIMO 클레이
1 P0(1칸)+P02(0.5칸) 혼합] 얼굴
2 P9(0.5칸)] 눈
3 P9(1.2칸)] 머리카락
4 P9(1.5칸)] 테두리
5 P200(0.5칸)] 입, 액세서리
원형틀(지름 0.3, 0.6, 0.8cm), 군번줄, 이쑤시개, 도트봉, 디자인 칼

도안 | 137쪽

1 1,2번 클레이로 얼굴 기둥을 만든다(도안1). *133, 134쪽 앨리스 1~8 참고

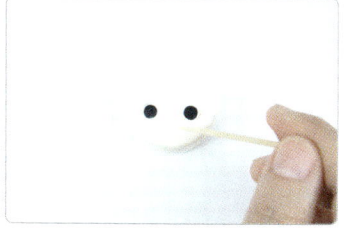

2 입 위치를 표시하고 곡선 칼을 살짝 휘어서 입의 위치에 대고 수직으로 자른다.

3 5번 클레이로 너비 0.5cm 시트(다이얼 7)를 만들어 중심에 붙인다.

4 얼굴 기둥 2개를 조합한다.

5 3번 클레이로 반원 형태의 머리 기둥을 만든다(도안1).
*136쪽 앨리스 Tip 참고

6 머리 기둥에 세모를 표시한 뒤 칼을 대고 수직으로 자른다(도안1).

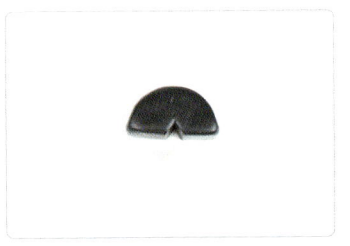  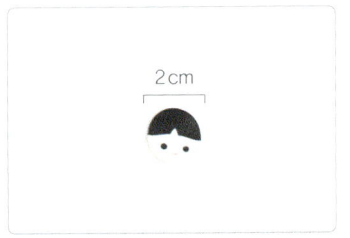

7 눈 기둥을 뚫고 남은 1번 클레이로 삼각기둥을 만들어 자른 부분에 크기를 맞춰 끼운다.

8 머리 기둥과 얼굴 기둥을 조합하여 기본 케인2를 완성한다.

9 기본 케인2를 지름 2cm가 되게 늘인 다음, 약 0.3cm 두께로 자른다.

10 4번 클레이로 시트(다이얼 1)를 만든 다음, 도안2를 대고 자른다.

※ 머리 도안을 자유롭게 그려 다양한 헤어스타일을 표현할 수 있다.

11 10에서 남은 시트에 지름 0.8cm 원형틀을 찍고 한쪽 끝을 살짝 자른다.

12 9~11의 칩을 사진과 같이 조합한다.

13 4번 클레이로 시트 감기 한다. *135쪽 앨리스 **13**~**15** 참고

14 지름 0.4cm 원형틀로 원형 안에 구멍을 낸다.

15 5번 클레이로 만든 리본 머리띠(Tip 참고)를 붙인 다음, 도트봉으로 머릿결을 표현한다.

16 오븐에 구운 다음, 군번줄을 끼워 완성한다.

> **TIP**
>
> **리본 머리띠 만드는 방법**

1 5번 클레이로 시트(다이얼 7, 1×0.4cm)를 만든다.

2 대각선으로 ×자 모양으로 자른다.

3 아래의 세모를 반으로 자른다.

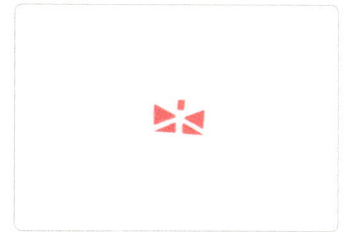 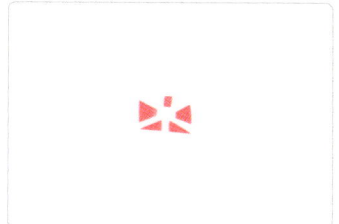 

4 위의 세모로 작은 직사각형을 만든다.

5 양옆의 삼각형 모양의 가운데 부분을 자른다.

6 사진처럼 조합한다.

정교함이 좀 더 필요한 인어공주 케인이에요.
앨리스와 백설공주의 혼합 버전으로 여러 기법들이 들어있으니 차근차근 만들어봐요.

안계숙 작가

26 별빛 인어공주 Level Ⅲ

준비 FIMO 클레이
1 P0(1칸)+P02(0.5칸) 혼합] 얼굴
2 P32(0.5칸)] 눈
3 P200(1.2칸)] 머리카락
4 P200(3칸)] 입, 테두리
5 P200(2칸)
6 P6(2칸)] 불가사리 케인

원형틀(지름 0.3, 0.6cm), 이쑤시개, O링, 열쇠고리, 디자인 칼

도안 137쪽

1 도안1을 참고하여 1~4번 클레이로 얼굴 기둥을 만든다. * 139, 140쪽 백설공주 1~8 참고

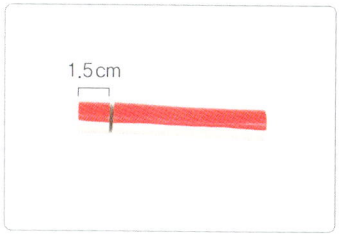

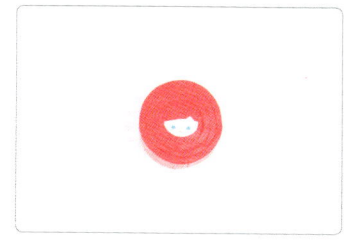

2 케인을 지름 1.5cm가 되게 늘인 다음, 높이 1.5cm로 자른다.

3 자른 케인에 4번 클레이로 시트 (다이얼 1) 감기를 4번 한다.
* 22쪽 시트 감기 참고

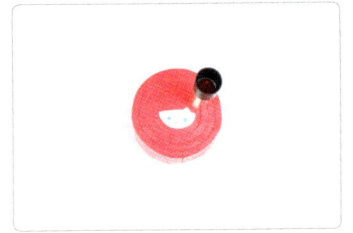 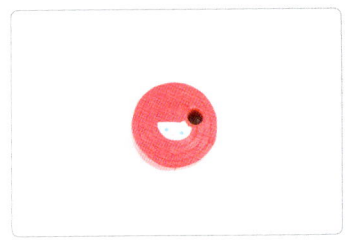 

4 불가사리의 위치에 지름 0.6cm 원형틀로 구멍을 뚫는다(도안2).

5 불가사리 케인(Tip 참고)을 늘여서 원형틀 굵기로 높이 1.5cm의 기둥을 만든다.

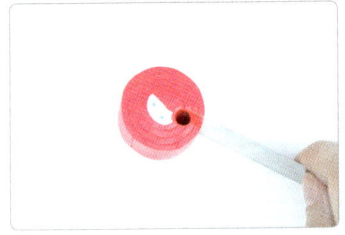  

6 바탕의 한 부분을 일직선으로 자른 뒤, 불가사리 케인을 끼워 넣어 기본 케인3을 완성한다.

7 기본 케인3을 두께 약 0.3cm로 자른다.

8 칩 위에 도안3을 올리고 테두리를 따라 자른다.

9 4번 클레이로 시트 감기를 한다. *135쪽 앨리스 13~15 참고

10 지름 0.3cm 원형틀로 불가사리 위쪽에 구멍을 뚫은 다음, 오븐에 굽는다.

11 O링을 끼우고 열쇠고리 부자재와 연결하여 완성한다.

TIP

불가사리 케인 만드는 방법

1 5, 6번 클레이로 높이 1.5cm인 원기둥을 만든다.

2 불가사리 도안을 5번 원기둥에 놓고 칼을 수직으로 대고 자른다.

3 도안 위에 자른 기둥을 번호 순서대로 올려놓는다.

4 6번 원기둥도 2,3과 같이 잘라 올려놓는다.

5 6번 별기둥에 5번 바탕기둥을 번호 순서대로 조합한다.

6 안으로 둥글게 모아서 불가사리 케인을 완성한다.

* 모양틀을 이용해도 좋다.

라하영 작가

27 엉뚱한 상상

뻔한 듯 뻔하지 않은 모양이 매력적인 케인이에요. 다채로운 색깔 조각을 조합하다 보면, 상상하지 못한 모양이 나오기도 하죠. 호기심이 많다면 도전!

준비 FIMO 클레이
     1 S35(1.5칸)
     2 S42(1.5칸)
     3 S56(1.5칸)
     4 S35(1칸)] 시트
     칼, 자

1 1~3번 클레이로 높이 1.5cm 사각기둥을 만든다. *23쪽 사각기둥 만드는 방법 참고

2 대각선 방향으로 2등분한 후, 서로 다른 색끼리 조합해 사각기둥 3개를 만든다.

3 사각기둥을 사선으로 6등분한다.

4 첫 번째 사각기둥은 1~3번 클레이를 사진과 같이 조합한다.

5   두 번째 사각기둥은 1, 3번 클레이를 번갈아 조합한다.

6   조합한 기둥을 반으로 자른 다음, 한쪽을 뒤집어 조합한다.

7   4번 클레이로 시트(다이얼 5)를 만들어 사각기둥을 각각 감는다.
* 22쪽 시트 감기 방법 참고

8   사각기둥 양 끝 모서리를 가운데로 모아 삼각기둥으로 다듬는다.
* 모으는 방향에 주의!

9   삼각기둥을 12cm로 늘인 후 2cm씩 6등분한다.
* 23쪽 삼각기둥 늘이는 방법 참고

10   삼각기둥을 2개씩 마주보게 조합한 다음, 중심을 향해 3개의 기둥을 조합하여 케인을 완성한다.

라하영 작가

28 나는, 꽃

따사로운 햇살을 닮은, 컬러풀한 원색이 포인트인 꽃이랍니다.
인내의 시간을 거쳐 한 송이 꽃을 피웠을 때의 기쁨이란 상상 이상일 거예요.
꽃은 사랑입니다!

준비   FIMO 클레이
1 S0(1.5칸)
2 S24(1.5칸)
3 S39(1칸)
4 S35(1칸)
5 S9(4칸) 바탕 기둥
칼, 자, 롤러, 빨대(소), 닷팅툴

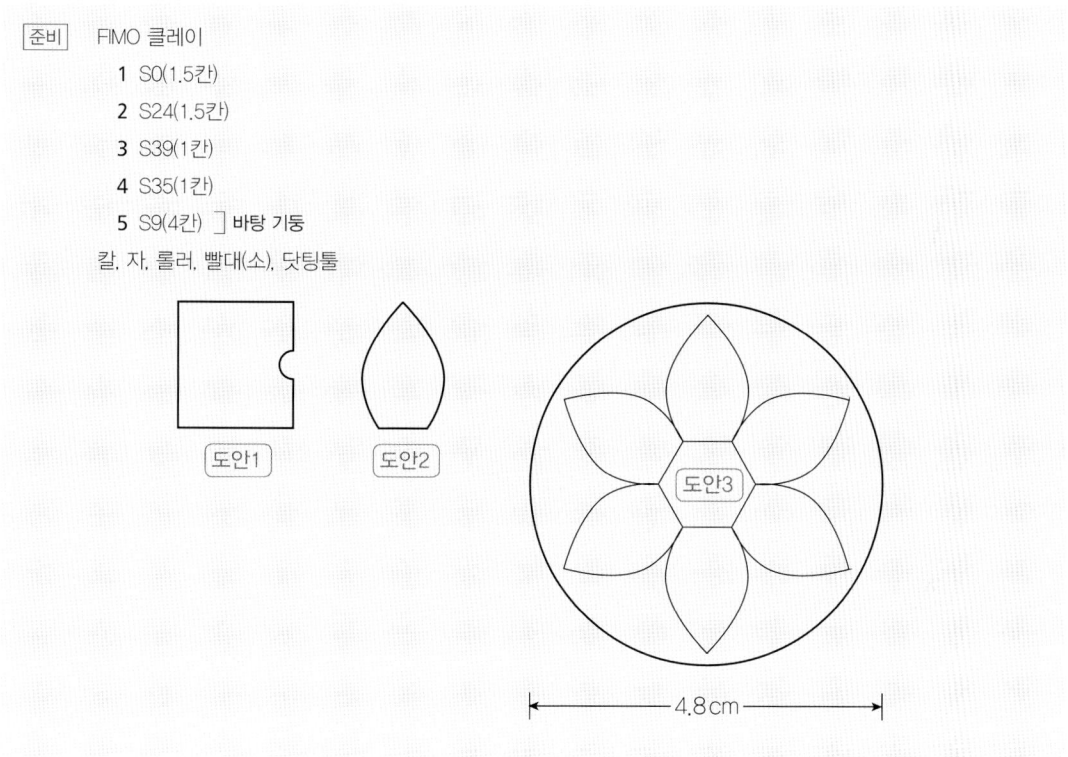

1 1, 2번 클레이를 그러데이션 한다. *19쪽 그러데이션 기법 참고

2 중심 말기를 하여 높이 3cm 원기둥을 만든다. *19쪽 중심말기 기법 참고

3 원기둥을 세로로 4등분한다.

4 3번 클레이로 시트(다이얼 5, 5.6×3cm)를 만든다.

5 시트를 폭 1.4cm 간격으로 잘라 기둥의 뾰족한 면을 덮는다.

6 각진 모서리를 손으로 눌러 꽃잎 모양을 만들고, 꽃잎 기둥 4개를 나란히 붙인다.

7 꽃잎 기둥을 7cm로 늘인 다음 3.5cm씩 2등분한다.

 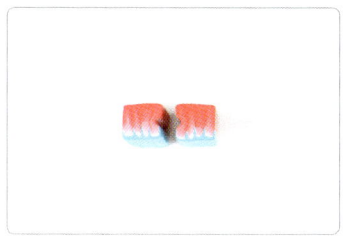

8 꽃술이 들어갈 부분을 빨대(소)로 눌러 홈을 만든다(도안1).

 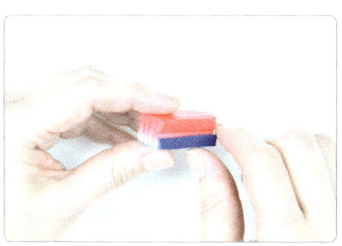

9 4번 클레이로 시트(다이얼 ⑤, 3.5×0.5cm)를 만들어 홈의 아랫부분에 붙인다.

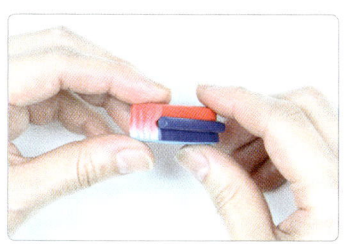 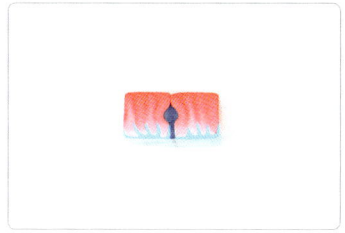 

10 4번 클레이로 지름 0.5cm 꽃술 기둥을 만들어 홈에 끼운 뒤 나머지 기둥을 조합하여 원기둥으로 다듬어 꽃잎 기둥을 완성한다.

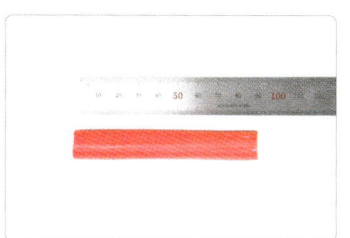 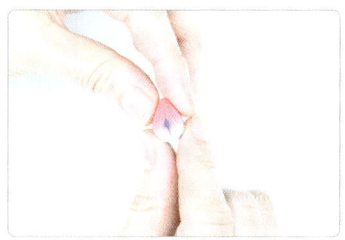 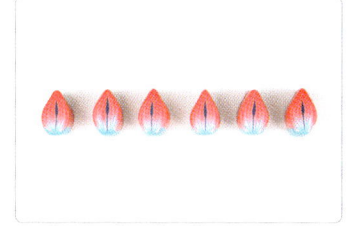

11 꽃잎 기둥을 9cm로 늘인 다음, 꽃잎 모양으로 다듬는다(도안2).

12 꽃잎 기둥을 1.5cm씩 6등분한다(도안2).

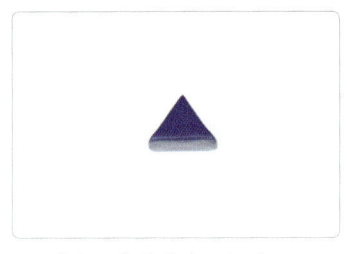 

13 남은 4번 클레이로 높이 1.5cm 직각 삼각기둥을 만들고, 2등분한다.

14 남은 3번 클레이로 타원형 기둥을 만들고, 삼각기둥 사이에 붙인다.

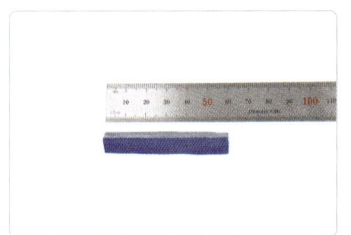 

15 삼각기둥을 6cm로 늘인 후, 2cm씩 3등분한다.

16 삼각기둥을 사진과 같이 조합한 다음, 1cm씩 2등분한다.

17 사다리꼴 기둥 2개를 조합한 다음, 둥글게 다듬어 높이 1.5cm 중심 기둥을 완성한다.

18 중심 기둥에 꽃잎 기둥을 조합한다(도안3).

19 5번 클레이로 길이 9cm 삼각기둥을 만든 다음 1.5cm씩 6등분한다. *23쪽 삼각기둥으로 늘이는 방법 참고

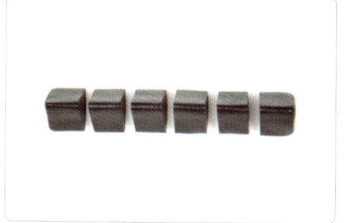 

20 바탕 기둥을 만들어 꽃잎 기둥 사이에 모두 끼워 꽃 케인을 완성한다.
*79쪽 바탕 기둥 만드는 방법 참고

라하영 작가

29 부리부리 왕눈이

무심한 듯 큼직한 눈을 끔뻑끔뻑 뜨고 있는 수줍은 물고기! 통통 튀는 비비드한 색감이 매력이랍니다. 모양이 찌그러져도 나름 귀여워요. 왕눈이 물고기의 매력에 빠져 보실래요?

준비 FIMO 클레이
1 P5(1.5칸)
2 P0(0.3칸)
3 P9(6칸)
4 P100(1.5칸)
5 P200(0.5칸)
원형틀(大)1.1cm, (小)0.6cm, 칼, 자

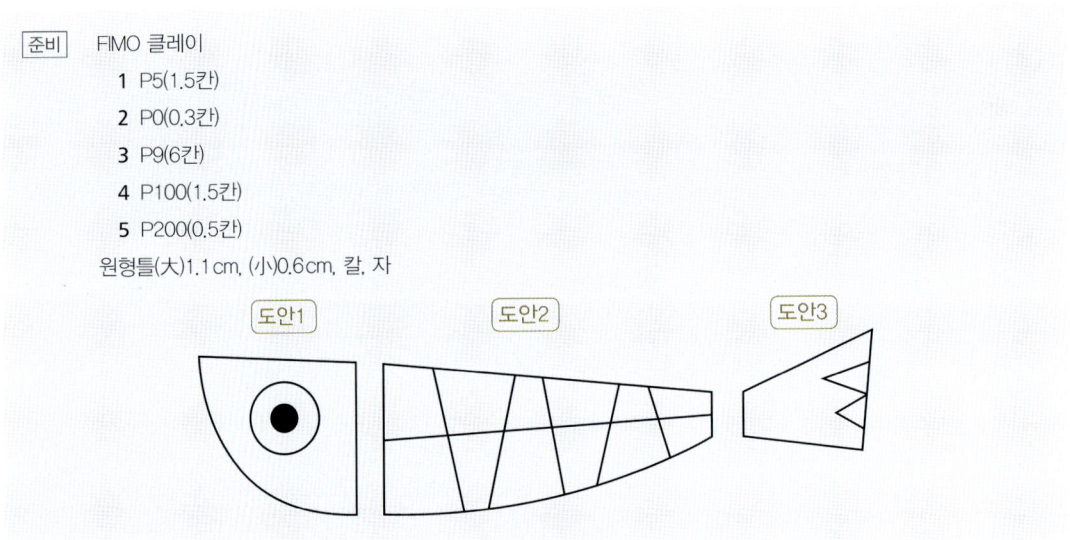

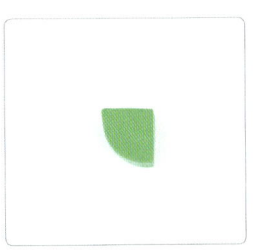

1 1번 클레이로 높이 1.5cm 사각기둥을 만든 다음 도안1에 맞게 칼로 자르고 손으로 다듬는다 (남은 클레이는 **13**의 꼬리에 사용한다).

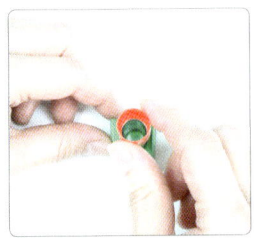

2 원형틀(大)로 물고기 눈을 뚫는다.

3 2번 클레이로 지름 1cm, 높이 1.5cm 원기둥을 만들고, 원형틀(小)로 구멍을 뚫는다(도안1).

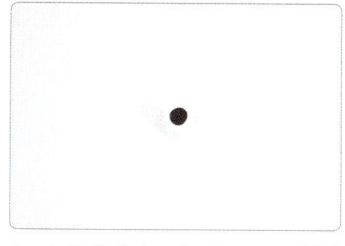

4 3번 클레이로 높이 1.5cm 원기둥을 만든 다음 바탕의 한 부분을 직선으로 자르고 구멍에 끼운다.

5 3번 클레이로 시트(다이얼 ⑤)를 만들어 시트 감기를 한 다음 지름 1.1cm, 높이 1.5cm로 다듬는다. *22쪽 시트 감기 방법 참고

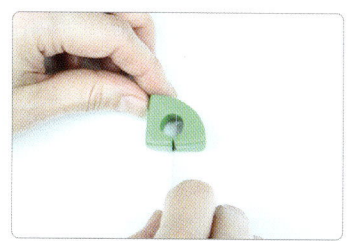

6 바탕의 한 부분을 일직선으로 잘라 반죽한 눈을 끼운다.

7 3번 클레이로 시트(다이얼 ⑤)를 만들어 물고기 머리를 시트로 감는다.

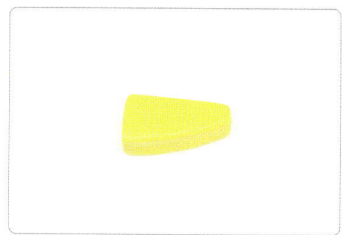

8 4번 클레이로 높이 1.5cm 몸통 기둥을 만든다(도안2).

9 물고기 몸통을 일정한 두께로 6등분한다.

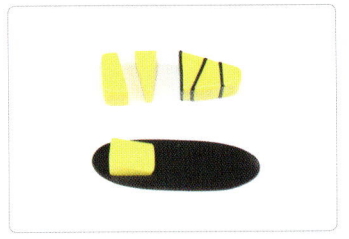 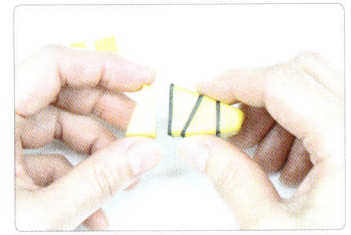 

10 3번 클레이로 시트(다이얼 5, 높이 1.5cm)를 만든 다음 잘라낸 사이사이를 시트 덮기 한다. *22쪽 시트 덮기 방법 참고

 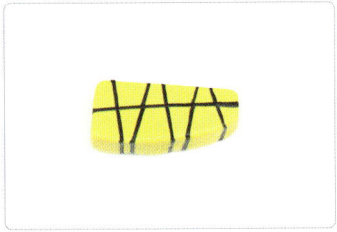

11 몸통 가운데를 칼로 잘라 3번 클레이로 시트(다이얼 5, 높이 1.5cm) 덮기를 하고 위아래 선을 맞추어 몸통 기둥을 조합한다.

  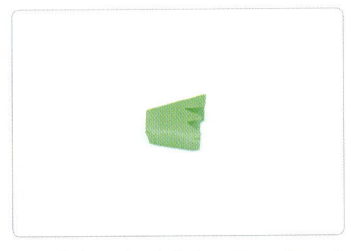

12 3번 클레이로 시트(다이얼 5, 높이 1.5cm)를 만들어 물고기 몸통 위아래에 붙인다.

13 남은 1번 클레이로 물고기 꼬리 기둥(높이 1.5cm)을 만든다. 칼로 꼬리 끝부분을 V커팅 한다(도안3).

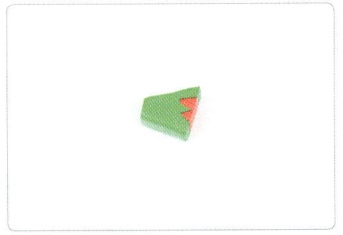 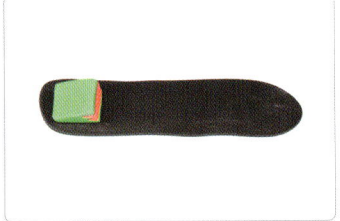

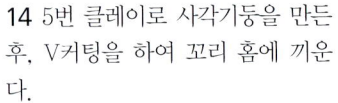

14 5번 클레이로 사각기둥을 만든 후, V커팅을 하여 꼬리 홈에 끼운다.

15 5번 클레이로 시트(다이얼 5, 높이 1.5cm)를 만들어 꼬리를 감는다.

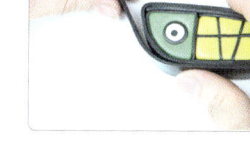

16 물고기 머리, 몸통, 꼬리를 조합한다.

17 3번 클레이로 시트(다이얼 ③, 높이 1.5cm)를 만들어 물고기 테두리에 감는다. 테두리를 여러 번 감은 후, 반듯하게 잘라 물고기 케인을 완성한다.

집이 문득 허전하게 느껴진다면,
벽이나 창가에 모빌을 걸어보세요.
야옹이 삼총사와 줄줄이 물고기가
바람에 살랑살랑 흔들릴 때마다
얼굴에서 작은 미소가 번질 거예요.
추억이 담긴 사진들을 함께
꽂아줘도 좋아요!

라하영 작가

30 보고 또 보고, 모빌

준비 FIMO 클레이
1 E803(3.5칸)
칼, 디자인 칼, 밀대, 매듭 끈, 나무봉, 나무집게, 드릴, o링, 9핀, 평집게, 크리스털, 금속볼, 메모지, 사진

TIP
유의사항

디자인 칼을 사용하여 물고기 칩 바탕을 파낸다. 각진 부분을 부드럽게 다듬는다.

1 1번 클레이로 시트(다이얼 ①)를 만들고, 고양이 도안에 맞춰 디자인 칼로 자른다.

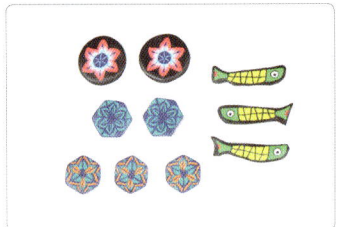

2 각 케인을 0.2cm 간격으로 잘라 칩을 만든다.
① 꽃→2개(지름 2.5cm)
② 엉뚱한 상상→2개(지름 2cm)
③ 엉뚱한 상상→3개(지름 2cm)
④ 왕눈이→3개(지름 4cm)

3 1, 2에서 작업한 것들을 오븐에 굽고, 드릴로 구멍을 뚫는다(도안).

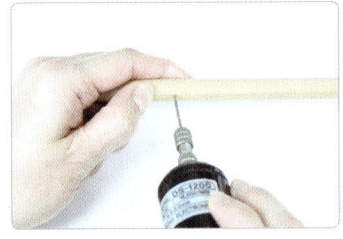

4 나무봉(12mm×30cm)에 일정한 간격으로 구멍 8개를 뚫는다.

5 각 구멍에 O링을 연결해 사진과 같이 칩을 끼운 다음, 끈으로 묶어 나무봉에 고정한다.

6 꽃 칩 위아래에 구멍을 뚫어 O링을 연결한다. 크리스털 3개와 금속볼 2개를 9핀에 순서대로 넣어 나머지 O링에 연결한다.

7 상상 칩 3개의 위아래에 구멍을 뚫어 O링으로 연결한다. 크리스털 1개와 금속볼 1개를 9핀에 넣어 마지막 O링에 연결한다.

8 왕눈이 칩 3개의 위아래에 구멍을 뚫어 O링으로 연결한다.

9 6~8에서 작업한 것들을 끈으로 묶어 나무봉에 고정한다.

10 나무봉의 구멍 양 끝을 끈으로 연결해 벽걸이 모빌을 완성한다. 메모지를 나무집게로 꽂는다.

좋아하는 색으로 사각 패턴을 만들어 모아
조각보 케인을 만들었어요.
때로는 조각보 모양으로 때로는 단추로
여러 가지 원하는 형태로 활용하면 좋겠죠.

백란 작가

31 조각보 케인

준비 FIMO 클레이
1 P0(1칸)
2 P9(0.5칸)
3 P5(1칸)
4 P6(2칸)
5 P100(3칸)
6 P29(1.5칸)
7 P80(1칸)
8 P33(1칸)
9 P62(1칸)
자, 칼

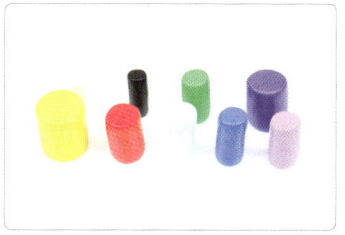

1 클레이를 각각 높이 3cm 원기둥으로 만든다.

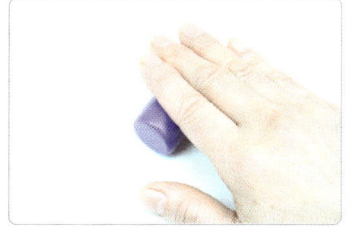

2 한 손으로 1번 원기둥의 위와 아래를 잡고 반대편 손 엄지와 검지로 원기둥의 옆면을 눌러서 도안 크기의 사각기둥 모양으로 만든다.

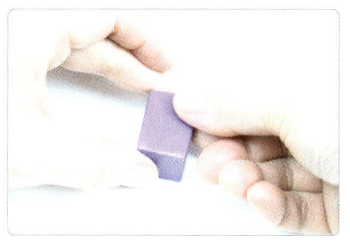

3 바닥에 놓고 모서리를 뾰족하게 잡아 반듯한 사각기둥(가로 2cm, 세로 1cm, 높이 3cm)으로 만든다.

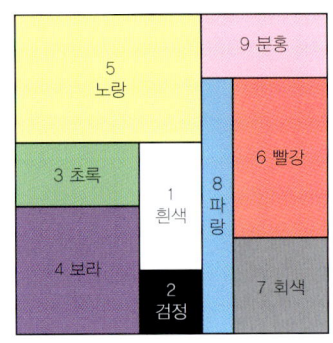

4   3, 4를 반복하여 2~9번 원기둥을 각각 도안 크기의 높이 3cm 사각기둥으로 만든다.

5   반죽한 클레이를 도안 위에 놓아 본다.

6   도안3과 4 – 도안1과 2 – 도안5의 사각기둥을 차례로 조합한다.

7   도안6과 7 – 도안8 – 도안9의 사각기둥을 차례로 조합한다.

8   6, 7에서 만든 사각기둥 2개를 사진과 같이 조합하여 조각보 케인을 완성한다.

9 조각보 케인을 약 3mm 두께로 잘라 칩을 만든 후 다양한 모양틀로 찍으면 새로운 문양으로 만들 수 있다.

돌쟁이에게 만들어 신기던 타래버선을
클레이로 만들어 봤어요.
예쁘게 꽃도 만들어 올리고 리본도
만들어 붙여 줬어요.

백란 작가

32 꽃 수놓은 타래버선

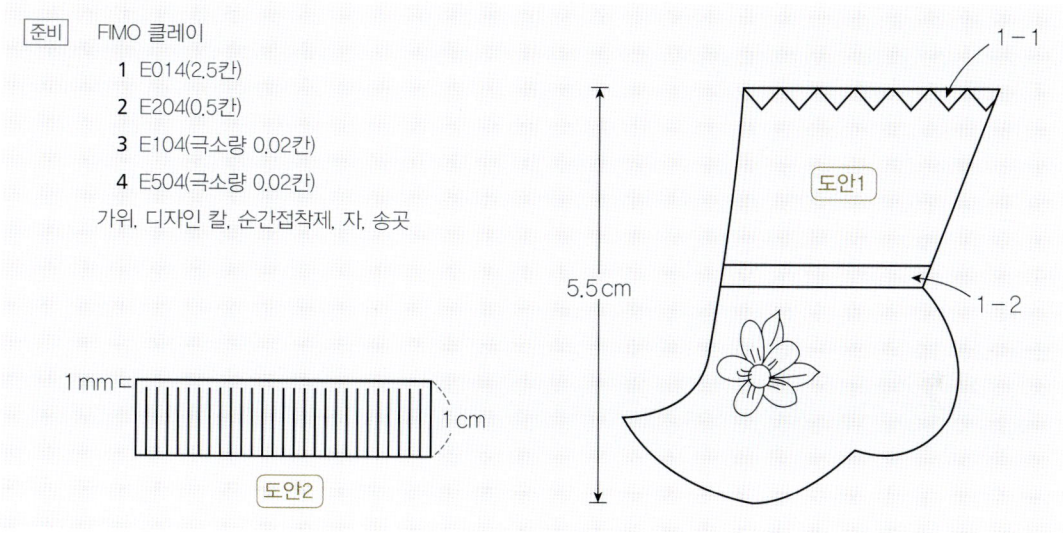

준비　FIMO 클레이
1　E014(2.5칸)
2　E204(0.5칸)
3　E104(극소량 0.02칸)
4　E504(극소량 0.02칸)
가위, 디자인 칼, 순간접착제, 자, 송곳

1　1번 클레이로 시트(다이얼 1)를 만든다.

2　시트에 도안을 올린 다음 디자인 칼로 자르고 테두리를 매끄럽게 다듬는다.

3　2번 클레이로 4×7cm 시트(다이얼 7)를 만든다. 가로로 이등분하여 하나는 오븐에 구워 13에서 사용하고 남은 하나는 4,5에서 사용한다.

4　시트의 폭이 0.4cm가 되게 가로로 자른 다음 디자인 칼로 삼각형으로 잘라 버선목의 앞과 뒤에 붙인다.

5 시트의 폭이 0.2cm가 되게 자른 다음 버선 가운데에 붙인다(도안1-2).

6 3, 4번 클레이를 5cm로 늘려 1cm씩 5등분한다.

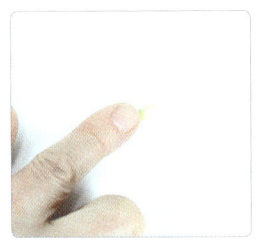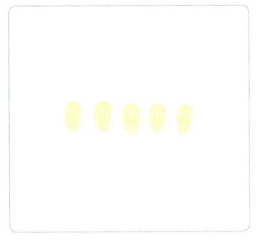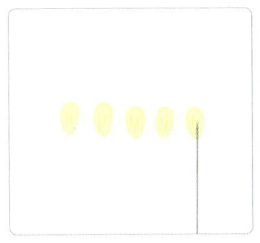

7 각각 구를 만든 다음 한쪽을 굴려 물방울 모양으로 다듬는다.

8 납작하게 되도록 가볍게 누른다.

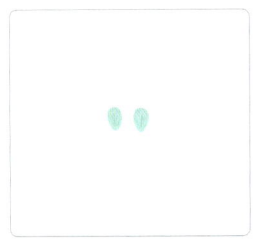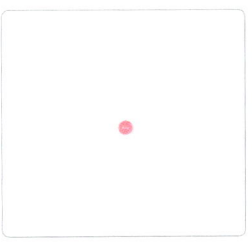

9 4번 클레이로 구를 만들고 납작하게 눌러 잎 모양으로 다듬는다(도안1).

10 디자인 칼로 잎맥을 그리고 버선에 붙인다.

11 2번 클레이로 구를 만들어 꽃의 가운데에 붙이고 가볍게 누른다.

12 만든 꽃을 버선에 붙이고 버선의 위와 아래에 구멍을 뚫어 오븐에 굽는다.

13 3에서 구운 시트를 가위로 잘라 시트(1×4cm, 0.2×10cm) 2개로 만든다.

14 1×4cm 시트를 도안과 같이 세로 선을 그은 다음 가위로 자른다(도안2).

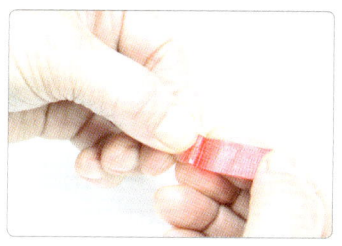  

15 시트의 윗부분에 순간접착제를 바른 다음 돌돌 말아서 태슬을 완성한다.

16 태슬에 접착제를 발라 버선코에 붙인다.

17 0.2×7cm 시트를 동그랗게 말아서 고름을 만든다.

18 접착제를 사용하여 고름을 도안 1-2의 가운데에 붙여 버선을 완성한다.

TIP
고름 매는 방법

 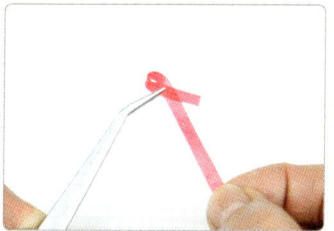

1 클레이를 길이가 다르게 하여 동그랗게 말아 쥔다.

2 길게 남긴 쪽의 가운데를 동그랗게 말아 쥔 쪽으로 사진과 같이 넣는다.

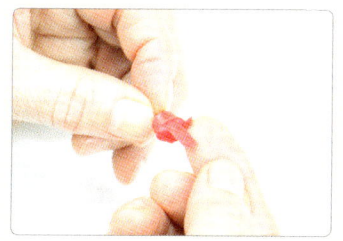 

3 고름과 고름의 끝을 잡고 다듬어 완성한다.

색색의 클레이를 붙여서 색동배자를 만들어보았어요.
새해 첫날에 기다려 입던 색동배자에 클레이로 예쁘게
수를 놓아 꾸며보아요.

백란 작가

33 알록달록 색동배자

준비 FIMO 클레이
1 E014(1칸)
2 E104(3.5칸)
3 E404(0.5칸)
4 E504(0.5칸)
5 E374(0.5칸)
6 E604(0.5칸)
7 E204(0.5칸)

4 E504(극소량 0.1칸 미만) ⎤ 꽃
7 E204(극소량) ⎦

디자인 칼, 순간접착제, 자, 송곳, 이쑤시개

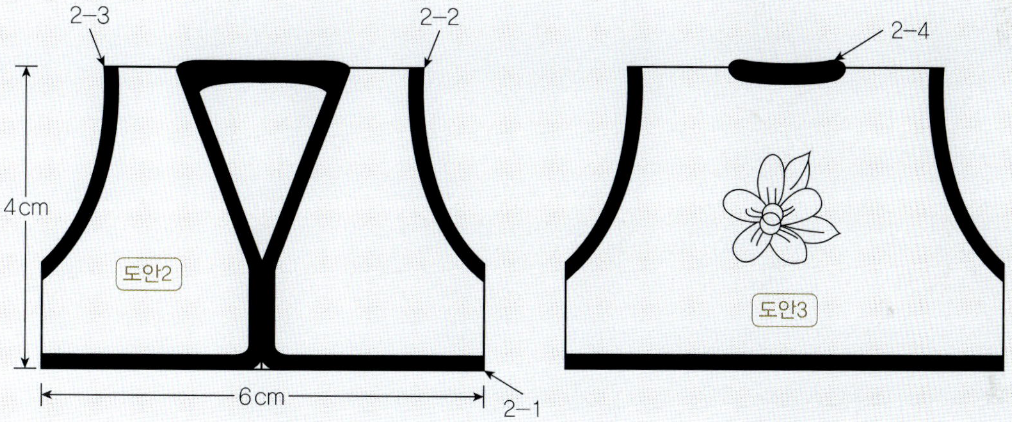

1 1번 클레이 3칸을 손으로 넓게 편다.

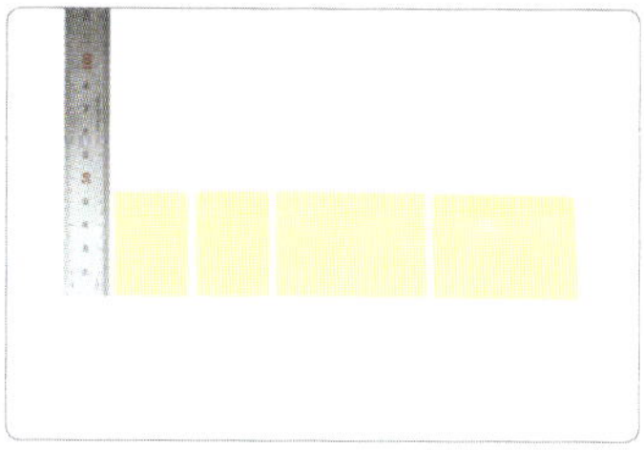

2 시트(다이얼 ④)를 만든 다음 4.5×6.5cm 2개, 4.5×3.2cm 2개로 자른다.

3 1~6번 클레이를 손으로 넓게(2×4.5cm) 편다.

4 시트(다이얼 3)로 만든 다음 각각 0.4×4.5cm로 3개 잘라서 색동 시트를 만든다.

5 2에서 만든 4.5×6.5cm 시트 하나에 4의 시트를 1~6번 순서대로 붙여 색동 시트를 완성한다.

6 남은 4.5×6.5cm 시트의 가운데에 이쑤시개를 놓는다.

＊이쑤시개로 매듭 끈이 지나가는 공간을 만들 예정!

7 위에 5에서 만든 색동 시트를 올리고 붙인다.

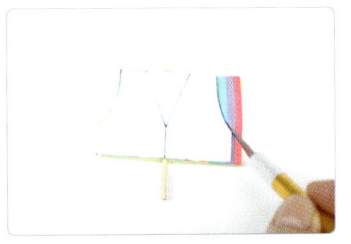 

8 도안2를 올린 다음 가장자리를 디자인 칼로 자른다. 단 중심의 깃 부분은 자르지 않는다.

9 7번 클레이로 지름 0.2cm의 원기둥으로 길게 늘인다.

10 앞면의 도안2-1지점부터 시작하여 뒷면까지 한 바퀴 둘러 도안2-1지점에서 마무리한다. 원기둥을 앞면의 가장자리에 붙인다(도안2).

11 원기둥을 앞면의 도안2-2지점에서 시작하여 뒷면까지 한 바퀴 두른다. 도안2-3지점도 동일하게 두른다. 원기둥을 뒷면의 가장자리에 붙인다(도안3).

12 원기둥을 도안2-4지점을 둘러 마무리한다.

13 4에서 남은 1, 3, 6번 클레이로 꽃을 만든다. * 168쪽 버선 **6~10** 참고.

14 12의 배자와 13의 꽃을 오븐에 굽는다.

※ 반투명 클레이는 열에 약하기 오븐에서의 적정 시간과 온도를 미리 테스트한 다음에 구워야 한다.

15 배자와 꽃이 식으면 순간접착제를 사용하여 꽃을 배자 뒷면에 붙여서 완성한다.

백란 작가

34 썬캐처

준비 3mm로 자른 조각보 케인, 버선, 배자,
20cm 매듭줄 3줄, 링, 종, 크리스탈 20mm 3개, 원형틀(지름 0.2cm)

1 4×4cm 조각보 케인을 3mm 두께로 자른다.

2 조각보 위와 아래에 구멍을 뚫고 오븐에 굽는다.

  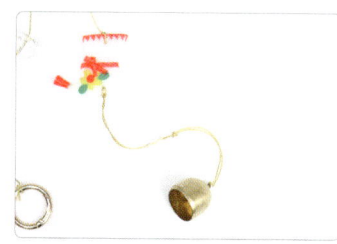

3 링-조각보 케인-크리스탈-배자-크리스탈-버선-크리스탈-종 순으로 배열하여 사진과 같이 묶어 완성한다.

* 아래위 뚫린 배자와 크리스탈은 아래위로 한 번씩 묶고 다른 것은 두 번씩 묶어 연결한다.

COLLABORATION
다른 공예와도 조화를 이루다

35 Character Mouse
36 Character Tiger
37 Character Rabbit
38 사각사각 쉐이커 카드
39 눈 오는 겨울밤
40 미니 커피하우스
41 레일 펜스 패턴케인
42 삼색 스트라이프 패턴케인
43 모던 타일 패턴케인

허지혜 작가

35 Character Mouse

열두 띠 동물의 쥐는 재산과 다산을 의미한다고 해요.
그 의미를 담아 생활에서도 즐길 수 있도록 인센스로 활용해보세요.

준비	FIMO 클레이	
	1 P80(1.5칸)	귀, 머리, 몸
	2 E405(0.3칸)	귀안쪽, 손, 발, 꼬리
	3 P9 극소량	눈동자
	4 E803(4칸)	인센스 받침
	칼, 도트봉, 공예철사(1.0mm), 이쑤시개, 아일렛(0.2mm), 밀대, 쇠 브러쉬, 접착제	
도안	182쪽	

TIP
1. 팔과 다리, 귀 등 좀 더 견고하게 부착할 경우 피모 리퀴드를 활용한다.
2. 공예용 철사를 이용하여 뼈대를 만들어 연결한다.

1 1번 클레이를 15cm로 늘여서 1cm씩 15등분한 다음 사진과 같이 몸(9개), 머리(5개), 귀(1개)로 나눈다.

2 몸 클레이로 물방울 모양의 몸을 만든다.

 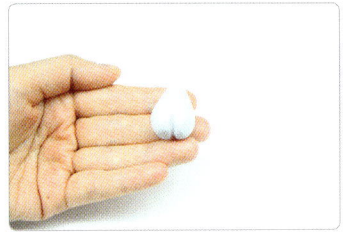 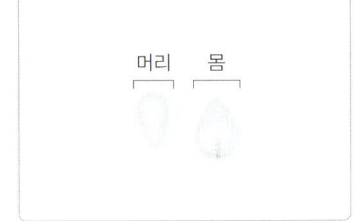

3 밑 부분을 이쑤시개로 누른 후 다리 형태로 만든다.

4 머리 클레이로 몸보다 살짝 가는 머리를 만든다.

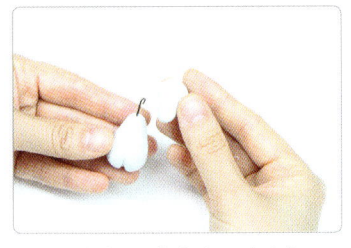 

5 다리와 몸 사이에 공예철사를 꽂아 연결한다.

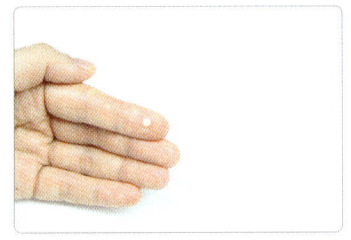 

6 2번 클레이 극소량으로 원을 만들어 코를 붙인다.

7 도트봉으로 눈의 위치를 누른 후 3번 클레이로 눈을 만들어 붙인다.

8 귀 클레이로 원 2개, 2번 클레이 소량으로 원 2개를 만들어 납작하게 누른 다음 귀를 만든다(귀 지름 1.3cm, 귀 안쪽 지름 1cm).

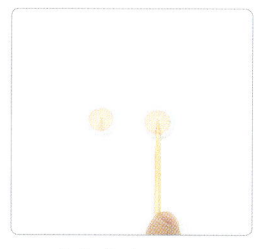 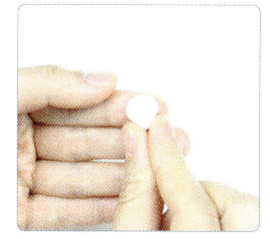 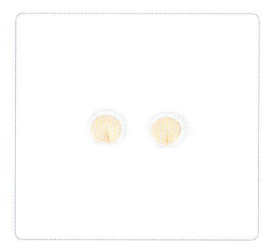 

9 원의 아랫부분을 이쑤시개로 누르고 접은 다음 아랫부분을 살짝 자르고 머리 양옆에 붙인다.

 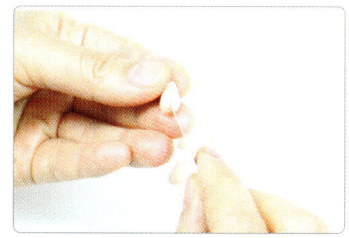 

10 2번 클레이로 물방울 모양의 손 2개, 손보다 큰 발을 2개 만들고 칼등을 이용하여 손가락과 발가락을 표현한다(꼬리를 위해 극소량 남긴다).

11 손과 발을 붙인다.

12 2번 클레이 소량을 가늘게 밀고 칼등으로 눌러 무늬를 내어 꼬리(2.5cm)를 만든다.

13 몸의 아래에 꼬리를 붙인 후 오븐에 구워 쥐를 완성한다.

* 인센스 받침대는 192쪽 **18~20** 참고

35 Character Mouse

36 Character Tiger

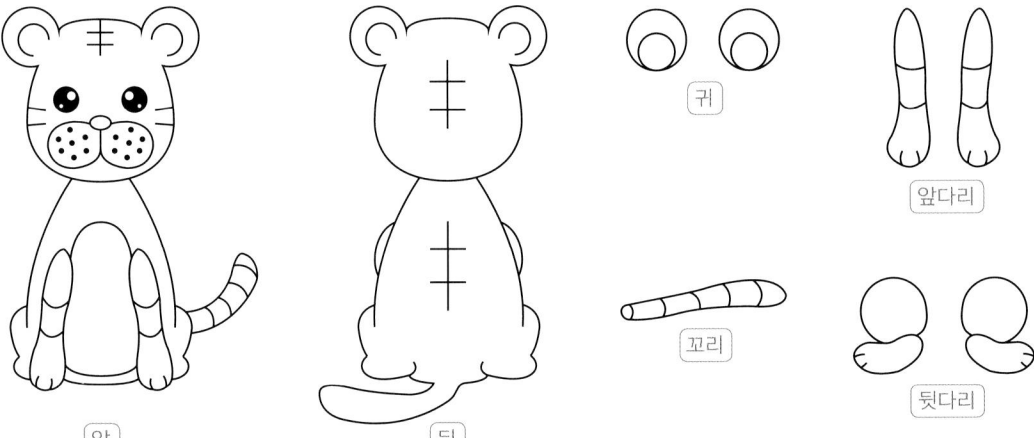

허지혜 작가

36 Character Tiger

용맹함을 상징하는 호랑이.
검은 줄무늬의 특징을 살리면서도 눈망울은 초롱초롱하게 바라만 봐도 웃음 짓게 되는 호랑이에요.

준비	FIMO 클레이
	1 P4(1.5칸)] 머리, 몸, 다리
	2 P0(0.1칸)] 귀, 가슴, 눈망울, 입부분
	3 P9(0.1칸)소량] 눈동자, 털무늬
	4 E803(4칸)] 인센스 받침

칼, 도트봉, 이쑤시개, 공예철사(1.0mm), 자, 피모 리퀴드, 아일렛(0.2mm)

도안 182쪽

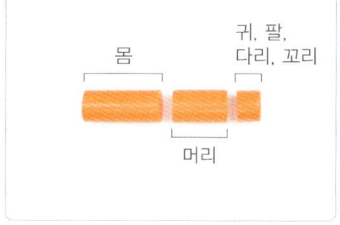  

1 1번 클레이를 7cm로 늘여서 몸 3.5cm, 머리 2.5cm, 귀·팔·다리·꼬리 1cm로 나눈다.

2 몸 클레이를 물방울 모양으로 다듬고 아랫부분을 살짝 눌러 앞은 배가 나오며 뒤쪽은 엉덩이가 나오는 형태를 만든다.

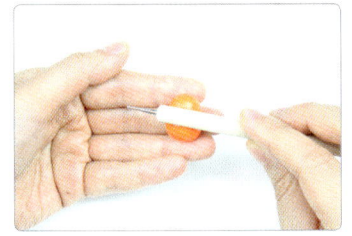  

3 머리 클레이에 도구를 이용하여 가운데를 살짝 눌러 이마 부분이 조금 튀어나온 형태로 얼굴을 만든다.

4 공예철사 약 2cm를 이용하여 머리와 몸을 연결한다.

5 2번 클레이를 소량 떼어 물방울 모양 2개를 둥글납작하게 만들어 수염을 만들고, 남은 클레이는 물방울 모양을 1개 만든 다음 납작하게 눌러 가슴을 만든다(귀와 눈망울에 사용할 소량은 남겨둔다).

6 수염은 얼굴의 중심에 가슴은 몸의 가운데에 붙인다.

7 3번 클레이 소량으로 작은 원을 만들어 코를 붙인다.

8 3번 클레이 소량으로 작은 원 2개를 만들어 눈을 붙인다.

9 도트봉으로 눌러 수염자국을 표현한다.

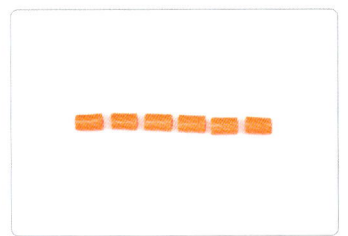 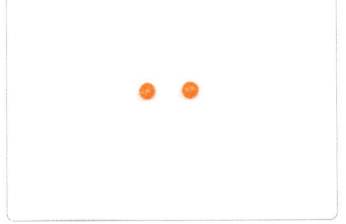

10 1에서 등분하고 남은 클레이를 6cm로 늘여 1cm씩 6등분 한 다음 A 귀(1개), B 앞다리(2개), C 뒷다리(2개), D 꼬리(1개)로 나눈다.

11 A 원기둥을 반으로 나누어 둥글납작하게 귀를 2개 만든다.

12 2번 클레이 소량을 귀보다 작은 원을 만들어 살짝 자르고 귀에 붙인다.

13 귀를 머리에 붙인다.

14 이쑤시개로 앞다리를 붙일 위치에 살짝 눌러서 자국을 낸다.

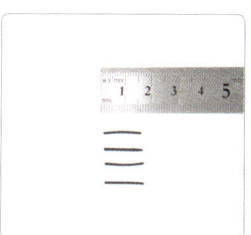

15 10에서 소분한 B 원기둥 2개를 각각 긴 타원형으로 만든 후 발 부분만 살짝 꺾는다(앞다리 2cm).

16 3번 클레이 소량을 가늘게 밀어서 다리에 두른 다음 (무늬 1.5cm) 앞다리 위치에 붙인다.

17 10에서 소분한 C 클레이 2개를 각각 원과 물방울 모양으로 만든 뒤 연결하여 뒷다리를 만든다.

18 뒷다리를 엉덩이 양옆에 붙인다.

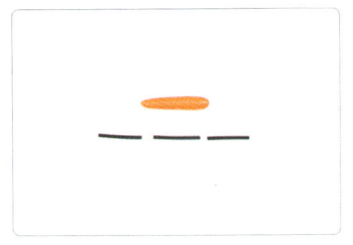 

19 10에서 소분한 D 원기둥으로 긴 타원 모양을 만들고 3번 클레이 소량으로 가늘게 밀어서 감싼다(꼬리 2.5cm, 무늬 1.5cm).

 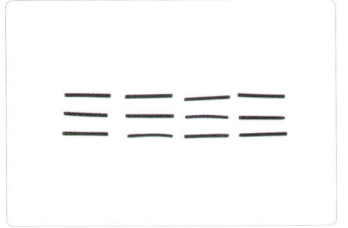

20 꼬리는 몸의 뒷면 아래에 붙인다.

21 남은 3번 클레이를 가늘게 늘여 1~1.5cm 길이로 잘라 12개 만든다.

22 털의 무늬를 사진과 같이 얼굴의 앞뒤와 몸의 뒷부분에 붙인다.

23 오븐에 구워 호랑이 캐릭터를 완성한다.

허지혜 작가

37 Character Rabbit

열두 띠 동물 중 하나인 토끼.
토끼띠 해를 맞이하여 캐릭터로 표현해 보았어요.
좋은 한 해가 되길 기원합니다.

준비 FIMO 클레이

1. P0(1.5칸) — 귀, 머리, 몸, 다리, 콧수염, 꼬리, 눈망울
2. P0+P200 9:1 혼합/극소량 — 귀 안쪽, 코, 발바닥
3. P9(0.1칸) 극소량 — 눈동자
4. E803(4칸) — 인센스 받침

칼, 도트봉, 공예철사(1.0mm), 자, 접착제, 아일렛(0.2mm), 이쑤시개

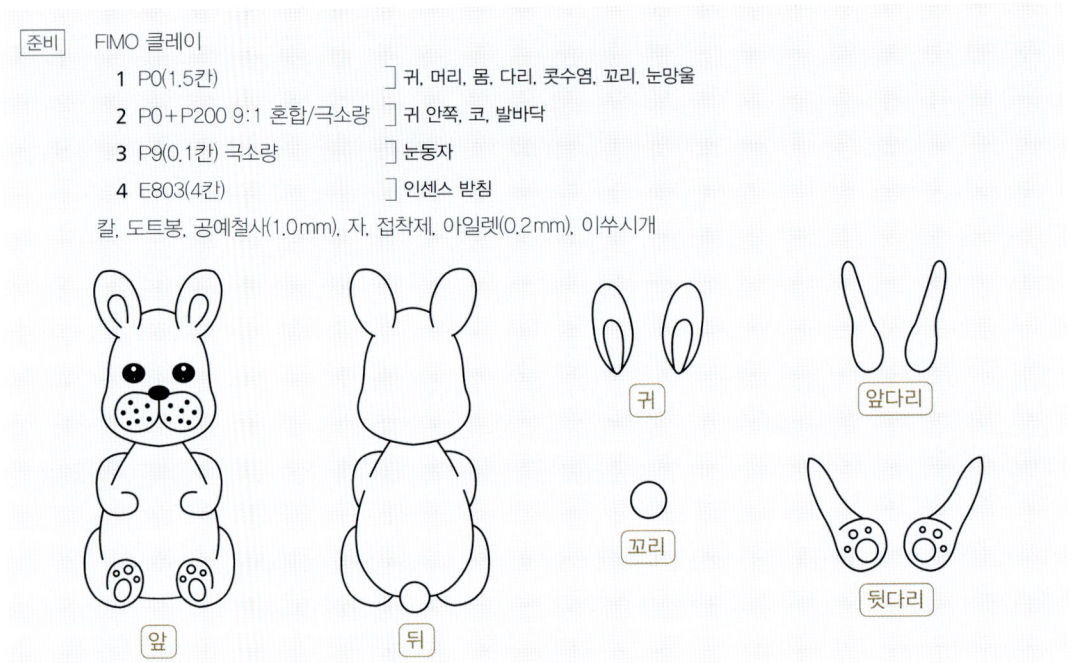

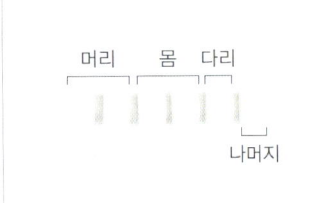

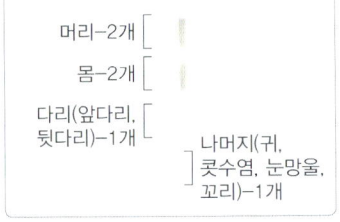

1 1번 클레이를 6cm 늘여서 1cm씩 자른 다음 사진과 같이 머리(2개), 몸(2개), 다리(1개), 나머지(1개)로 나눈다.

2 앞에서 등분한 몸 클레이로 물방울 모양의 몸을 만든다.

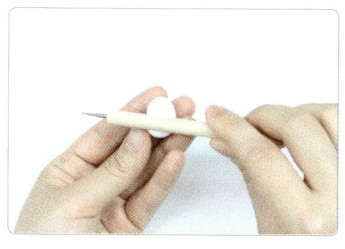 

3 1에서 등분한 머리 클레이로 구를 만들고 도구를 이용하여 가운데를 살짝 눌러 이마 부분이 조금 튀어나온 형태로 만든다.

4 공예철사를 이용하여 머리와 몸을 연결한다.

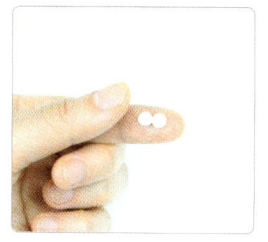  

5 1에서 등분한 나머지 클레이 중 소량을 떼어 구를 2개 만든 후 얼굴 중심에 살짝 눌러 콧수염을 붙인다.

6 2번 클레이를 극소량 사용해 코를 만든 후 콧수염 중심에 붙인다. 남은 양은 귀 안쪽과 발바닥에서 사용한다.

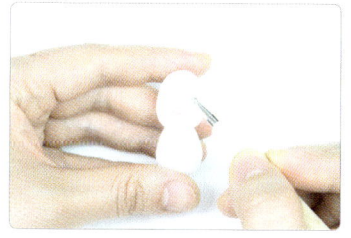 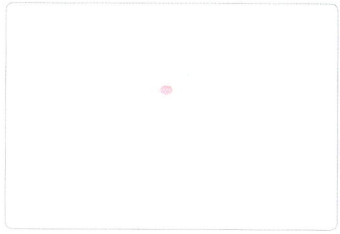

7 눈을 붙일 위치에 도트봉으로 살짝 누른다.

8 3번 클레이로 원을 2개 만들어 눈동자를 붙인다.
눈을 붙인 후 **1**에서 등분한 나머지 클레이 중 극소량을 떼어 눈망울을 표현한다.

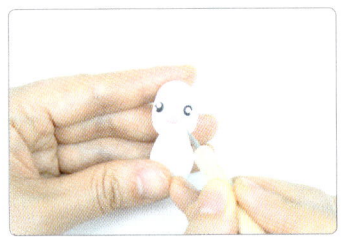 

9 수염 위치에 도트봉으로 눌러 자국을 낸다.

10 **1**에서 나머지 클레이로 1.5cm 원기둥 2개를 만든 후 귀 모양으로 다듬고, 2번 클레이로 1cm 원기둥을 2개 만들어 귀 안쪽에 붙인다.

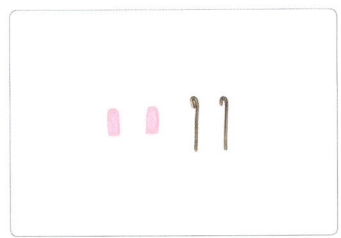 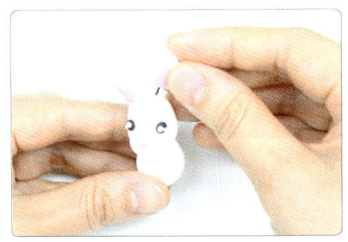

11 귀 아랫부분을 살짝 자르고 공예철사를 꽂은 후 귀의 위치에 끼운다.

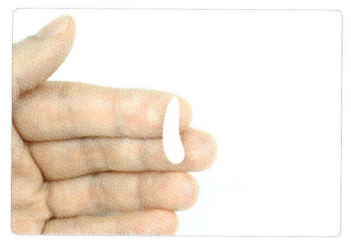

12 다리 클레이로 긴 타원형의 앞다리(2cm) 2개를 만든 후 발 부분만 살짝 꺾는다.

13 다리 클레이로 긴 타원형의 뒷다리(2.5cm) 2개를 만든 후 바닥에 닿는 부분이 도톰하면서 편평한 발이 되도록 다듬는다.

14 2번 클레이 극소량으로 사진과 같이 작은 원으로 발바닥을 만들어 뒷다리 밑면에 붙인다.

15 뒷다리는 몸의 아래쪽 양옆에 붙인다.

16 앞다리는 몸의 양옆에 붙인다.

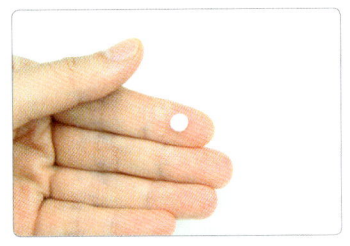  

17 1의 나머지 클레이 소량으로 동그란 꼬리를 만들어 붙인 후 오븐에 구워 토끼를 완성한다.

 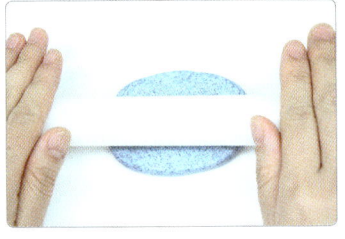 

18 4번 클레이를 타원형으로 만든 다음 밀대를 이용하여 0.5㎝ 두께로 민다.

19 쇠 브러쉬를 이용하여 질감을 표현한다.

20 이쑤시개로 구멍을 뚫고 아일렛을 고정한 뒤 오븐에 굽는다.

21 오븐에 구운 받침대에 토끼를 올려놓거나 접착제로 붙여 인센스 홀더 캐릭터를 완성한다.

노을 지는 하늘의 느낌과 오색 빛 무지개를
풍선 속에 담아 흔들면 어떤 소리가 날까요?
흔들수록 행복함이 피어오르는 사각사각
쉐이커 카드를 만들어보세요.

이재희 작가

38 사각사각 쉐이커 카드

준비 FIMO 클레이
1 P0(0.7칸) ⎤
2 P210(0.7칸) ⎬ 풍선
3 P1(0.7칸) ⎦
4 P29(0.5칸) ⎤
5 P1(0.5칸) ⎥
6 P6(0.5칸) ⎬ 모자이크 Sequin(파츠)
7 P34(0.5칸) ⎥
8 P57(0.5칸) ⎦
9 P0(3.5칸)

카드지(220g), 무늬 종이(180g), 양면테이프, 자, 디자인 칼, 스탬프, 접착제, 원펀치, 태그 종이, 블랙 잉크, 금색 스팡클, OHP 필름(투명필름지), 가위, 은사

도안 199쪽

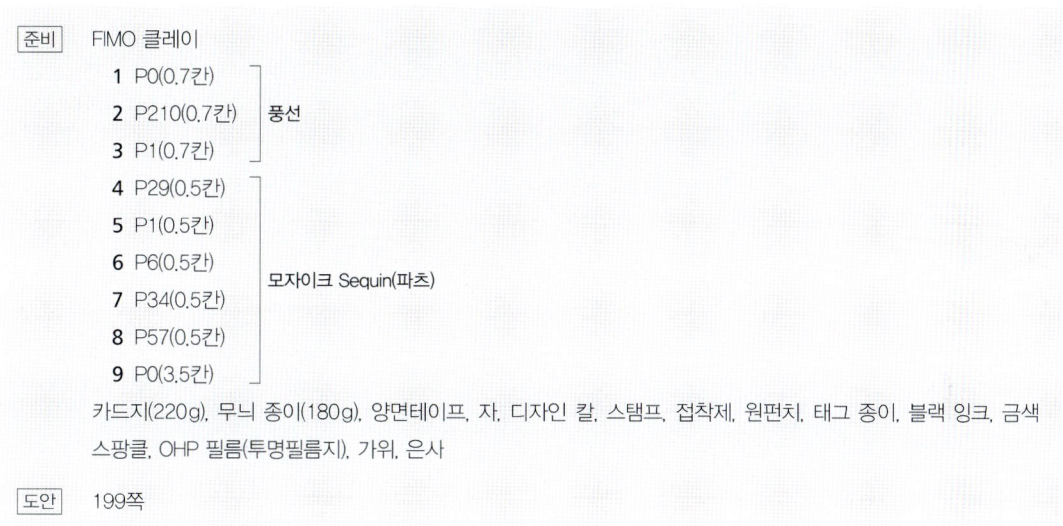

1 카드지(21×15cm)와 무늬 종이(14.5×10cm)를 준비하고 카드지를 반으로 접는다.

2 무늬 종이 뒷면에 양면테이프를 붙이고 노랑 카드지 위에 붙인다.

3 1~3번 클레이로 그러데이션을 하여 시트(다이얼 ⑥)를 만든 후 풍선 도안의 크기보다 넓게 편다. * 19쪽 그러데이션 기법 참고

4 A4용지 위에 시트를 얹은 후 도안 1,2를 대고 도안의 외곽선을 따라 자른다. 남은 시트는 8,9에서 사용한다.

  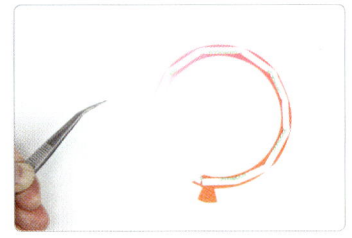

5 도안 1의 안쪽 선을 따라 자른 다음, A4용지 위에 올린 그대로 오븐에 넣고 굽는다.

6 풍선 모양 프레임 외곽을 따라 OHP 필름을 자르고 프레임 뒤쪽에 양면테이프(접착제)를 붙인다.

7 풍선 프레임의 양면테이프를 뜯고 OHP 필름을 붙인다.

8 4에서 남은 시트를 A4용지 위에 얹고 작은 세모, 네모, 동그라미로 자유롭게 잘라 Sequin(파츠)를 만든다.

9 그러데이션 시트를 작은 원기둥으로 만들어 길게 늘인 후 잘라 8에서 만든 Sequin(파츠)와 함께 오븐에 굽는다.

10 4~8번 클레이로 높이 2.5cm 원기둥을 만든다.

11 9번 클레이로 각각 시트(다이얼 7) 감기를 한 다음, 원기둥을 모아서 하나의 기둥으로 만든다. *22쪽 시트 감기 방법 참고

12 칼을 수직으로 내려서 원기둥을 자른다.

13 9번 클레이로 시트(다이얼 7) 덮기 한다. *22쪽 시트 덮기 방법 참고

14 시트 덮기 한 기둥을 뒤집어서 조합한다.

15 12~14를 10회 내외로 자유롭게 반복하여 모자이크 케인을 완성한다.

16 케인을 지름 0.8cm가 되도록 늘인 다음, 두께 2mm로 칩 8개를 잘라 오븐에 굽는다.

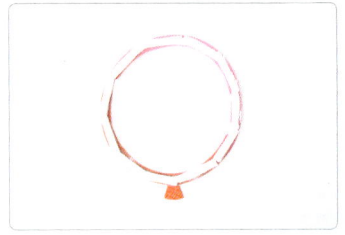  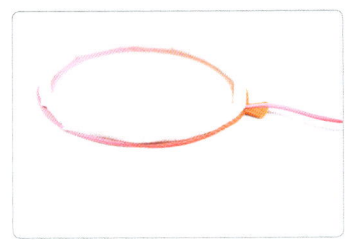

17 7의 풍선 프레임 뒤쪽에 양면 폼 테이프를 두 겹으로 붙이고, 끈을 붙인다.
※ Sequin(파츠)이 들어갈 수 있는 높이를 만든다.

18 카드지 위에 만들어놓은 8, 9, 16의 Sequin(파츠)와 금색 스팡클을 올려놓는다.

19 Sequin(파츠)를 가운데 모은 후 풍선 프레임을 붙인다.

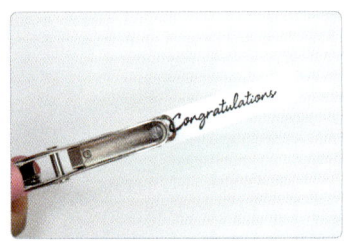

20 메시지 스탬프와 블랙 잉크, 종이를 준비하여, 잉크를 묻힌 메시지 스탬프를 종이에 찍어 메시지 태그를 만든다.

21 메시지 태그에 펀칭하여 구멍을 낸다.

22 풍선의 끈과 카드지 사이에 은사를 끼운 후 태그를 리본으로 묶어 고정시켜 사각사각 쉐이커 카드를 완성한다.

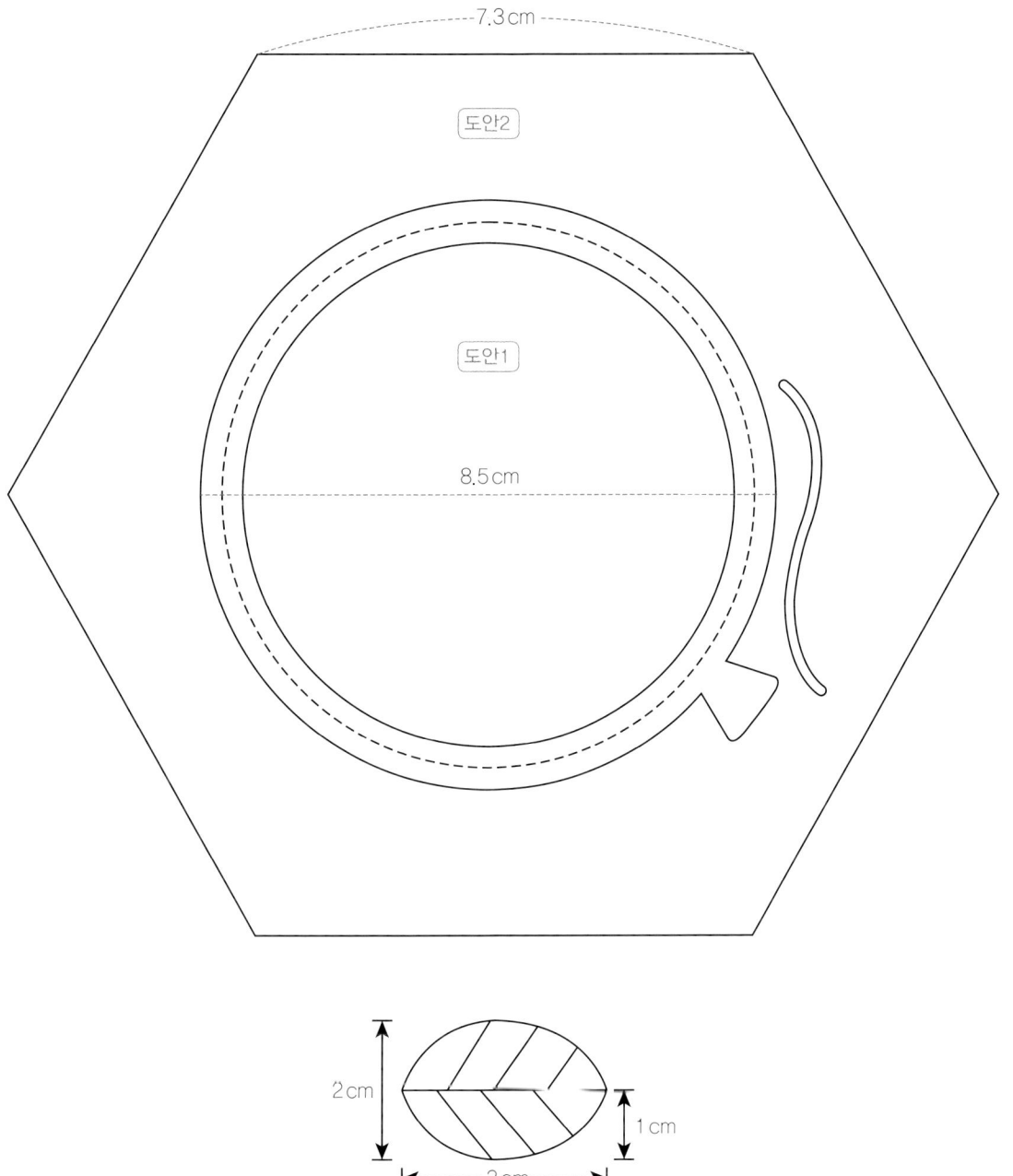

흰 눈이 내리는 날 밤하늘의 반짝이는 별빛에
빛나는 거리를 걸었던 순간!!
오색 빛으로 빛나는 밤의 풍경을 카드에
담았어요.

이재희 작가

39 눈 오는 겨울밤

준비
Sculpey Premo 클레이
1 JSP5050(1칸)
2 JSP5540(1.5칸)
3 JSP5513(1칸)
CERNIT 클레이
4 N210(0.5칸)
5 N211(0.5칸)
6 N213(0.5칸)
7 N215(0.5칸)

카드지(220g), 양면테이프, 자, 디자인 칼, 클리어스탬프, 눈꽃 펀치, 화이트 잉크(Stazon Pigment), 아크릴 블럭, 가위, 풀, 눈꽃 스탬프

TIP

유의사항

1. 폴리머클레이를 이용하여 스탬프를 만들어 사용 시 물티슈로 음각 스탬프를 닦아주면 양각스탬프와 잘 분리된다.
2. 눈꽃 펀칭이나 다이 커팅을 하여 쉽게 제작할 수 있다.

1 카드지(21×15cm)를 준비하여 카드지를 반으로 접는다(쉐이커 카드 내용 참고).

2 1번~3번 프레모 클레이로 시트(10×5cm)를 만들어 그러데이션을 하여 카드지 크기와 같은 너비의 시트(다이얼 4)를 만든다.
* 19쪽 그러데이션 기법 참고

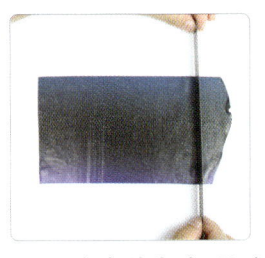   

3 A4용지 위에 시트를 올린 후 9×14.5cm로 반듯하게 자른 다음 칼의 끝부분으로 사면을 긁듯이 자른다.

4 4~7번 써닛 클레이를 A4용지 위에 올려 구를 만들어 두께가 2mm 되도록 납작하게 누른다.

5 4번의 클레이를 클리어스탬프 위에 꾹 누르며 붙인다.

6 전용 칼을 이용하여 스탬프의 이미지가 보일 정도로 클레이를 벗겨낸다.

7 스탬프에 붙은 클레이의 가장자리를 칼로 잘라 깔끔하게 정리한다.

8 클레이가 시트에 잘 접착되도록 꾹 누르면서 스탬프를 떼어낸다.

9 시트 위에 눈꽃 스탬프로 스탬핑을 하고 오븐에 굽는다.

※ 스탬프의 클레이가 시트에서 떨어질 경우 스탬프의 비닐을 먼저 벗겨낸 후 스탬프를 떼어내도록 한다.

10 아크릴 블록에 메시지 스탬프를 붙인 후 화이트 잉크를 잉킹(inking)하여 카드지에 메시지를 찍는다.

11 9에서 준비한 시트 뒤에 양면테이프를 붙인 후 메시지를 찍은 카드지 위에 붙여 겨울밤 카드를 완성한다.

TIP

남은 클레이로 양각, 음각 스탬프를 제작하는 방법

1 눈꽃 펀치를 이용하여 눈꽃 모양을 각각 6~8장 준비한다.　　2 눈꽃 조각을 풀칠하여 약 0.5mm의 눈꽃 기둥을 만든다.

- 눈꽃 펀치가 없는 경우 다이컷이나 눈꽃 도안 사용
- 종이는 120~150g의 두께 사용, 얇은 종이를 사용할 경우 여러 장을 더 붙임

3 7에서 남은 클레이를 혼합하여 원기둥을 만들어 눈꽃 도안을 올린 후 밀대로 문지른다.　　4 클레이 안쪽으로 들어간 눈꽃 도안을 꺼낸 후 오븐에 구워 음각 스탬프를 완성한다.

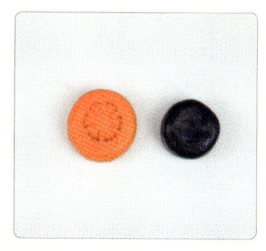   

5 3에서 남은 클레이를 혼합하여 만든 원기둥을 음각 스탬프 위에 올리고 꾹 눌러 눈꽃 모양이 새겨지도록 한다.　　6 4의 음각 스탬프에서 5의 클레이를 떼어낸 후 오븐에 구워 양각 스탬프를 완성한다.

※ 4의 스탬프 위를 물티슈를 이용해 적셔준 후 클레이를 누르면 잘 떨어진다.

따뜻한 커피 한 잔이 생각나는 시간~
나만의 커피하우스가 있다면 얼마나 행복할까요?
내가 좋아하는 공간의 느낌을 담아 작지만 행복한
미니 커피 하우스를 만들어보세요.

이재희 작가

40 미니 커피하우스

준비 FIMO 클레이
1 P0(3.5칸) / 2 P80(1.5칸) / 3 E803(2칸)   ] 바닥
1 P0(1.5칸) / 2 P2(0.5칸)   ] 벽
1 P0(1칸) / 2 P1(0.5칸)   ] 지붕
1 P0(0.3칸) / 2 P1(0.5칸) / 3 P0(0.5칸) / 4 P32(0.5칸) / 5 P61(0.5칸)   ] 갈랜드
1 P0(0.5칸) / 2 P17(0.5칸) / 3 P57(0.5칸) / 4 P500(1칸)   ] 나뭇잎
1 P77(0.2칸)   ] 화분

미니어처하우스(의자, 화분 별도 구입), 자, 디자인 칼, 양면테이프, 가위, 풀, A4용지, 공예용 금박지, 밀대, 오링(4mm), 은사, 철사(1mm), 핀바이스

도안 199쪽

바닥

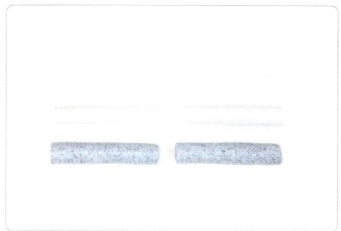

1 1~3번 클레이로 길이 12cm 원기둥을 만들고 2등분한다.

※ 1번 클레이는 1칸만 사용

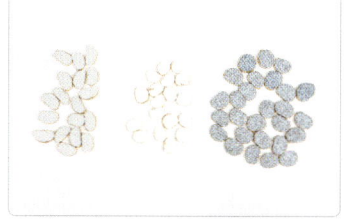

2 원기둥을 금박지에 굴려 감싼 다음 각각 2mm 두께로 자른다.

3 남은 1번 클레이로 시트를(다이얼 6) 만들어 A4용지 위에 올리고 도안2 크기로 자른다.

4 칼끝을 이용하여 칩을 육각시트 위에 촘촘히 붙인 다음 밀대로 밀고 오븐에 굽는다.

벽

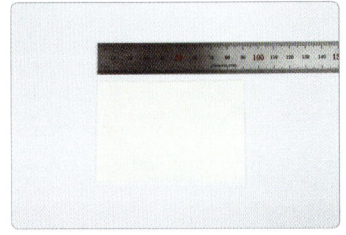 

5 1번 클레이로 시트(다이얼 7, 6×9cm)를 만든다.

6 남은 1번 클레이와 2번 클레이로 각각 6×5cm, 6×4cm 시트(다이얼 4)를 1개씩 만든다.

7 각각 1cm 간격으로 잘라 5번 시트에 번갈아 붙인 다음, 도트봉으로 나뭇결무늬를 그린다.

8 미니어처의 벽 조각을 올려 디자인 칼로 창을 뚫은 다음 오븐에 굽는다 (자른 창은 미니어처 조립 시 사용).

※ 세로의 튀어나온 부분 길이에 맞추어 직선으로 잘라준다.

지붕

 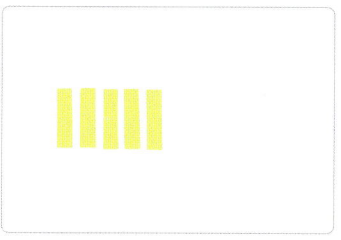 

9 1,2번 클레이로 지붕 크기에 맞춰 **5~7**과 같은 방법으로 지붕을 만든다(시트 다이얼 ⑦. 10×4cm, 1번 5×4cm, 2번 5×5cm).

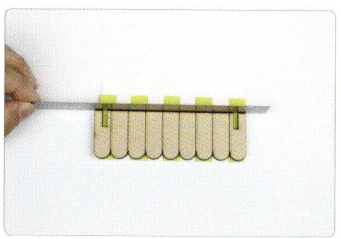 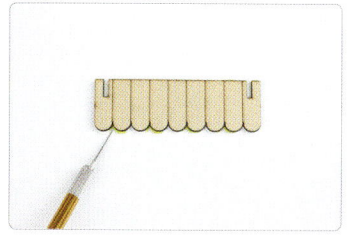 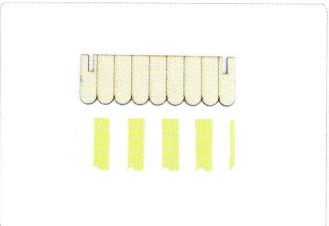

10 미니어처 지붕 조각을 올려 지붕 크기에 맞춰 홈을 파지 않고 반듯하게 자른 다음, 디자인 칼로 지붕 모양을 잘라서 오븐에 굽는다.

갈랜드

11 1번 클레이로 길이 2cm 원기둥(0.3칸 사용)을 만들고 2~5번 클레이로 시트(다이얼 ③)를 만들어 차례로 시트 감기를 한다. *22쪽 시트 감기 방법 참고

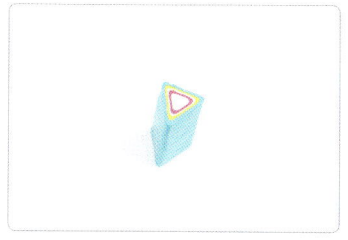 

12 원기둥 케인을 길이 5cm 삼각기둥으로 다듬은 다음, 2mm 간격으로 칩을 6개 잘라 오븐에 굽는다. *23쪽 삼각기둥으로 늘이는 방법 참고

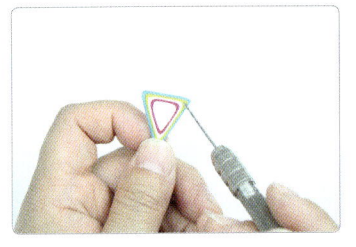

13 핀 바이스로 칩의 양 끝에 구멍을 뚫어 O링을 연결하고 끈에 끼운다.

나뭇잎

14 1~3번 클레이로 그러데이션을 하여 부채 접기를 한 다음, 나뭇잎 모양의 기둥(3×2×2.5cm)을 만든다(도안3 참고). *19쪽 그러데이션 기법 참고

15 칼등으로 잎맥을 그리고 기둥 중심을 반으로 자른 다음 양쪽의 선을 모두 자른다. *24쪽 기둥 세로로 분할하는 방법 참고

16 4번 클레이로 시트(다이얼 8)를 만들고 나뭇잎 양쪽을 각각 시트 덮기한다. *22쪽 시트 덮기 방법 참고

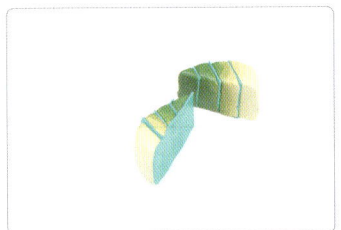

17 중심 잎맥을 시트 덮기한 다음 양쪽 잎맥이 엇갈리게 조합한다.

18 테두리를 시트 감기하여 나뭇잎 케인을 완성한다.

  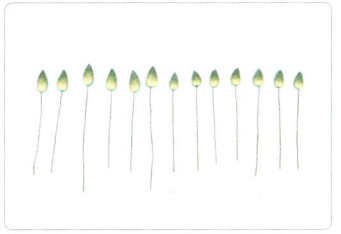

19 두께 2mm로 칩을 2개 잘라 의자의 나뭇잎 모양 크기로 다듬은 다음, 오븐에 굽는다.

20 남은 케인을 늘인 다음 높이 1.5cm 6개, 1.2cm 6~8개의 칩을 자른다(2mm).

21 철사를 4cm씩 잘라 나뭇잎 케인 아래에 꽂은 다음, 오븐에 굽는다.

화분

22 1번 클레이를 원 모양으로 만들어 미니 바구니에 넣고 나뭇잎을 꽂는다. 마 스타핑을 위에 얹어 장식을 더해준다.

23 8, 10, 19의 뒷면에 양면테이프를 붙여 각각의 위치에 접착하고, 목공풀과 접착제로 미니어처 하우스를 조립하여 4 위에 붙인다.

24 갈랜드를 기둥에 묶어 미니어처 하우스를 완성한다.

> **TIP**
> **미니어처 하우스 꾸미는 방법**
> 1. 가판대 위에 리본을 붙인다. 취향에 따라 아크릴 물감으로 나무를 칠해도 좋다.
> 2. 사인보드를 조립한 후 사인보드 프레임을 따라 종이를 자른 후 커피 스탬프를 찍어 붙여준다.
> 3. 커피 글자를 프린팅하여 잘라서 지붕 위에 붙인다.

기찻길 옆의 울타리 모양과 닮아 이름 지어진 패턴이에요.
색상의 배열에 따라 다른 느낌과 효과를 나타내니
색의 어울림을 생각하여 나만의 지그재그 패턴을 완성해보세요.

안정은 작가

41 레일 펜스 패턴케인

| 준비 | FIMO 클레이
1 P500(1.5칸)
2 P80(1.5칸)
3 P200(1.5칸)
모양틀, 핀바이스(바늘 또는 송곳), O링, 귀걸이 포스트

1 1~3번 클레이를 반으로 나누어 각각 2장씩, 손으로 넓게(9×1.5cm) 편다. *21쪽 시트 만드는 방법 참고

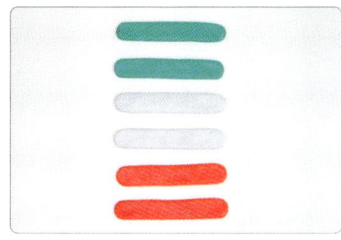

2 각각의 클레이로 시트(다이얼 ①)를 만든다.

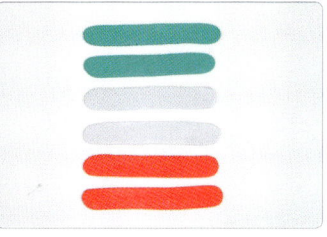

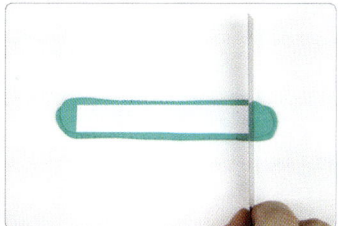

3 1번 클레이 시트 2장을 포갠 후 10×1.5cm 종이를 시트 위에 놓고, 반듯하게 자른다.

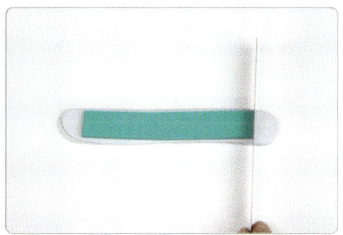

4 2번 클레이 시트 2장을 포갠 후 그 위에 3의 시트를 놓고, 같은 크기로 자른다.

5 3번 클레이 시트 2장을 포갠 후 그 위에 4의 시트를 놓고, 같은 크기로 자른다.

※ 3~5에서 남은 클레이는 완성품을 만들 때, 활용한다.

6 6겹 시트를 2.5cm씩 4등분하여, 사각기둥을 4개 만든다.

7 기둥의 단면이 보이도록 배치한 후, 사각기둥 2개를 90도 회전시켜 나머지 사각기둥과 각각 조합한다.

* 사각기둥 조합 시 클레이 컬러 배열이 사진과 일치하도록 조합한다.
* 25쪽 기둥끼리 조합하는 방법 참고

8 사각기둥의 중심선이 일치하도록 조합하여 패턴케인을 만든다.

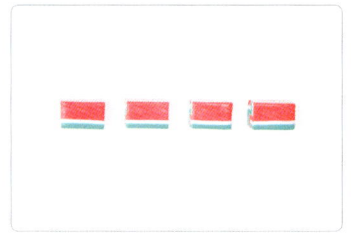

9 케인을 8cm로 늘인 다음 2cm씩 4등분한다. * 26쪽 케인 늘이는 방법 참고

10 1배 조합 레일 펜스 패턴케인을 완성한다. * 25쪽 기둥 조합 방법 참고

11 3~5에서 남은 클레이 중 맘에 드는 색을 골라 시트(다이얼 1)를 만든 후, 케인보다 작은 모양틀로 2개 찍는다.

12 케인은 원하는 크기로 늘인 후, 0.3cm 두께로 2개 자른다. 오븐에 굽기 전 바늘이나 송곳을 이용해 O링 연결 부위에 구멍을 낸다. 구운 후에는 핀바이스를 사용한다.

13 각 위치에 맞게 O링을 3개씩 (중-소-중) 연결해서 칩에 끼운다.

14 뒷면에 귀걸이 포스트를 순간접착제로 붙인다.

15 레일 펜스 패턴 귀걸이 완성이다.

시원한 주스 마시며 해변가 그늘에
마냥 앉아있고 싶은 날 함께하고 싶은
팔찌를 연상하며 만들어 본 케인이에요.
통통 튀는 컬러로 만들어본
나만의 여름!
좋아하는 컬러 조합으로 나만의 계절을
표현해보세요.

안정은 작가

42 삼색 스트라이프 패턴케인

준비 FIMO 클레이
1 P4(0.5칸)+P0(0.5칸) 혼합
2 P500(0.25칸)+P0(0.75칸) 혼합
3 P33(1칸)
4 P0(3칸)

원형틀(1~1.5cm), 핀바이스(바늘 또는 송곳), 1mm 매듭실 60cm, 비즈(컬러, 종류 상관없이 지름 1cm 이하 12개)

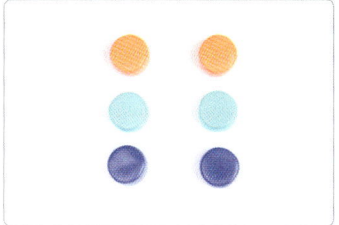 

1 1~3번 클레이를 반으로 나누어 각각 2장씩, 손으로 넓게(8×1cm) 편다. *21쪽 시트 만드는 방법 참고

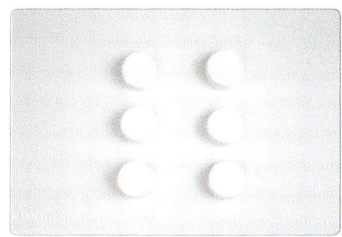 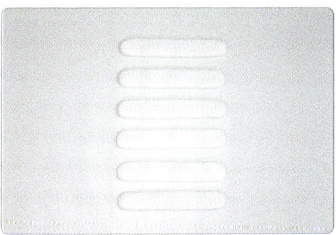

2 4번 클레이를 6등분하여 손으로 넓게(8×1cm) 편다.

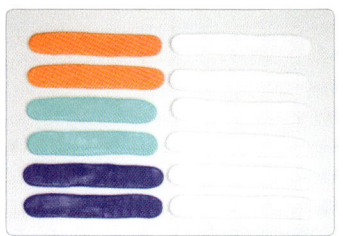

3 클레이로 시트(다이얼 ①)를 만든다.

4 1번 시트 2장을 포갠 후 9×1cm 종이를 시트 위에 놓고, 반듯하게 자른다.

5 4번 클레이 시트 2장을 포갠 후 그 위에 4의 시트를 올려 같은 크기로 자른다.

6 3cm씩 3등분하여, 사각기둥을 3개 만든다.

7 색이 교차하면서 나타나도록 조합한다.

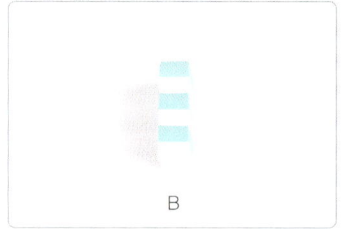

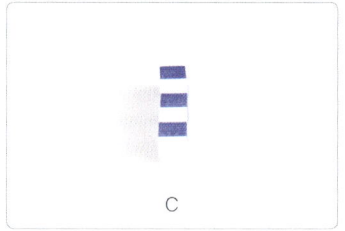

8 2번 클레이와 4번 클레이로 4~7을 반복한다.

9 3번 클레이와 4번 클레이로 4~7을 반복한다.

*4~9에서 남은 클레이는 완성품을 만들 때, 활용한다.

10 사진과 같이 B를 180도 회전시켜 A-B-C 기둥 3개를 조합하여 삼색 스트라이프 케인을 완성한다.

11 케인을 두께 약 0.5cm로 자른다(단면 한 변의 길이 1.5cm 내외).

12 작업 후 남은 클레이 중 맘에 드는 색을 골라 시트(다이얼 1)를 만든 후, 원형틀(1~1.5cm 내외)로 찍어 마감단추를 1개 만든다.

13 11, 12에서 만든 비즈의 중심을 송곳으로 뚫은 다음(매듭줄이 통과할 수 있는 굵기) 오븐에 굽는다. *구운 후에는 핀바이스를 사용한다.

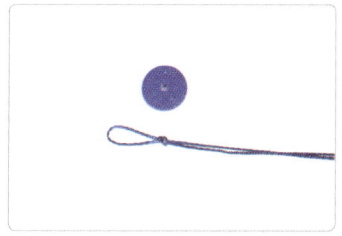

14 매듭실을 반으로 접어 고리가 있는 부분의 두 줄을 같이 잡고 한 번 묶어 마감단추 구멍을 만든다. 구멍의 크기는 마감단추가 통과할 정도의 크기면 적당하다.

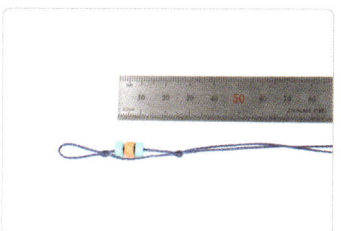

15 두 줄 중 한 줄에 비즈 3개를 꿰어주고 처음 매듭에서부터 3cm 지점에 다시 두 줄을 잡고 한번 묶어 매듭을 만든다.

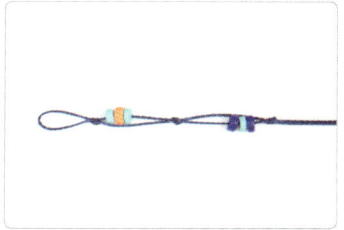

16 두 줄 중 비즈를 꿰지 않았던 다른 줄에 비즈 3개를 꿰어주고 3cm 지점에 매듭을 한다.

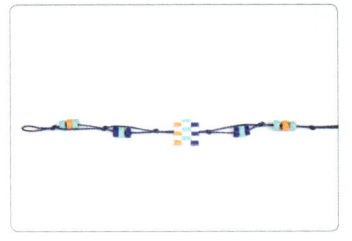 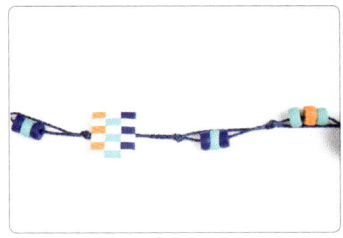

17 비즈를 꿰는 줄을 바꿔가며 3cm 간격으로 [비즈3-매듭-비즈3-매듭-케인-매듭-비즈3-매듭-비즈3-매듭] 연결하여 고리를 제외한 팔찌길이 15cm를 만든다.

* 성인 여성 평균 손목둘레 사이즈는 14~18cm, 본인 손목에 맞게 비즈 개수나 매듭 간격을 조절해 길이를 줄이거나 늘일 수 있다.

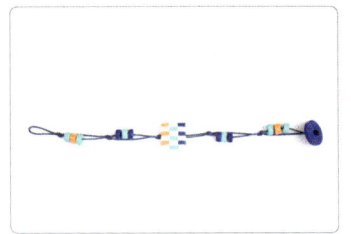 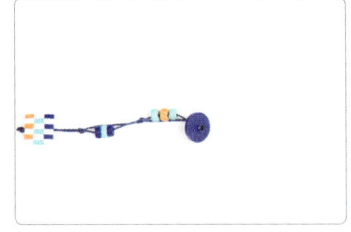 

18 클레이로 만들어 둔 마감단추를 넣고 매듭을 2번 한다. 줄의 특성에 따라 불로 마감하거나 매듭끈을 1cm 정도 남겨두고 잘라 마감한다.

19 삼색 스트라이프 패턴 팔찌 완성이다.

TIP
남은 클레이로 비즈 만드는 활용법

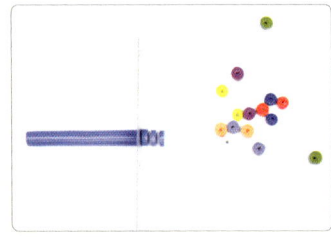 

1 케인을 만들고 난 후, 남은 클레이로 원하는 지름의 원기둥을 만들어 0.2~0.3mm 두께로 자른다.

2 도트봉이나 송곳을 비즈 가운데 놓고 좌우로 돌려가며 구멍을 뚫은 다음, 오븐에 굽는다.

단조로운 스트라이프 패턴을 회전시켜 모던한 타일 패턴케인을 만들어보세요.
클레이 색상을 조합하여 새롭게 다른 색상을 만드는 재미도 느낄 수 있어요.

43 모던 타일 패턴케인

준비 FIMO 클레이
1 P33(0.5칸)+P61(0.1칸)+P0(1.4칸) 혼합
2 P80(2칸)

핀바이스(바늘 또는 송곳), 1mm 매듭실 120cm 2줄, 외 구멍 마감단추 1개, 비즈(4mm 8개), o링(지름0.6mm 8개)

1 1,2번 클레이를 반으로 나누어 각각 2장씩, 손으로 넓게(10×1.5cm) 편다. *21쪽 시트 만드는 방법 참고

2 1번 클레이와 2번 클레이로 다이얼 ①, 다이얼 ⑦ 각각 1장씩 총 2장씩 시트를 만든다.

3 1번 클레이 시트 2장을 포갠 후 12×1.3cm 종이를 시트 위에 놓고, 반듯하게 자른다.

4 2번 클레이 시트 2장을 포갠 후 그 위에 3의 시트를 올려 같은 크기로 자른다.
※ 3,4에서 남은 클레이는 완성품을 만들 때 활용한다.

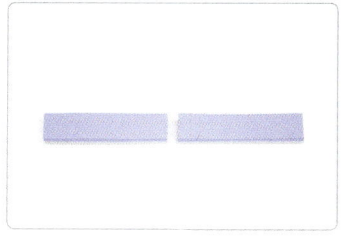

5 6cm씩 2등분하고 다시 포갠다.

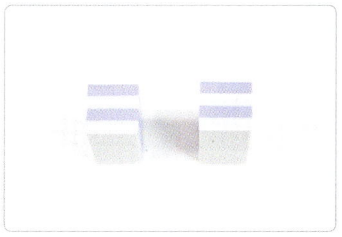
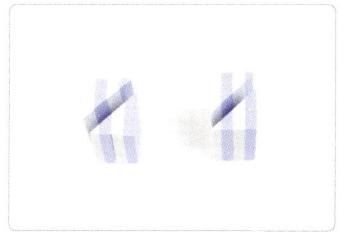

6 3cm씩 2등분하여, 사각기둥(가로세로 각 1.3cm, 높이 3cm)을 2개 만든다.

7 기둥의 단면이 보이도록 배치한 후, 사각기둥 2개를 각각 대각선 방향으로 잘라 2등분한다. *24쪽 기둥을 세로로 분할하는 방법 참고

8 자르면서 눌린 삼각기둥은 반듯하게 다듬는다.

9 삼각기둥 2개를 90도 회전시켜 나머지 삼각기둥과 각각 조합한다.

※ 삼각기둥 조합 시 클레이 컬러 배열이 사진과 일치하도록 조합한다.

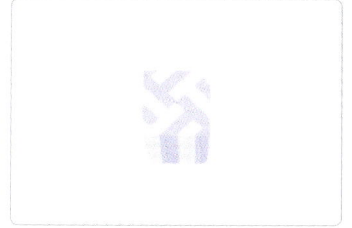

10 중심선이 일치하도록 조합하여 타일 패턴케인을 만든다. *25쪽 기둥끼리 조합하는 방법 참고

11 케인을 두께 약 0.2cm 정도로 잘라서 칩(가로세로 각 2cm 내외)을 5개 만든다.

12 오븐에 굽기 전 바늘이나 송곳을 이용해 O링 연결부위에 구멍을 낸다. 구운 후에는 핀바이스를 사용한다.

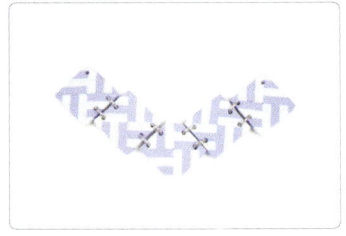

13 각 위치에 맞게 O링을 연결해서 칩에 끼운다.

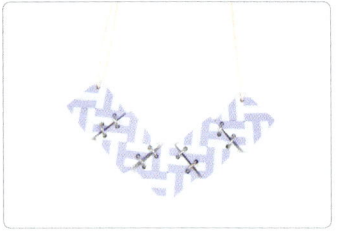

14 양 끝 구멍에 매듭실을 1줄씩 넣어 반으로 접는다.

15 반으로 접힌 매듭실 2줄을 같이 잡고 한 번 묶어 매듭을 한 후, 비즈 1개를 넣고 다시 매듭을 한다(매듭-비즈-매듭). 반대쪽도 똑같이 한다.

16 양쪽 2줄씩 4줄을 한꺼번에 잡고, 외 구멍 마감단추를 통과시킨다(작업 후 남은 클레이를 이용하여 마감단추를 만들어 사용할 수도 있다. *217쪽 삼색 스트라이프 케인 마감단추 만들기 참고

17 비즈에서부터 40cm 떨어진 위치에 마감단추를 놓고 양쪽 2줄씩 매듭을 한다.

18 비즈 3개를 넣고, 매듭을 한 후 줄의 특성에 따라 불로 마감을 하거나 매듭끈을 1cm 정도 남겨두고 잘라 마감한다.

※ 마감단추를 이동시켜 목걸이 길이 조절이 가능하다.

19 모던 타일 패턴 목걸이 완성이다.

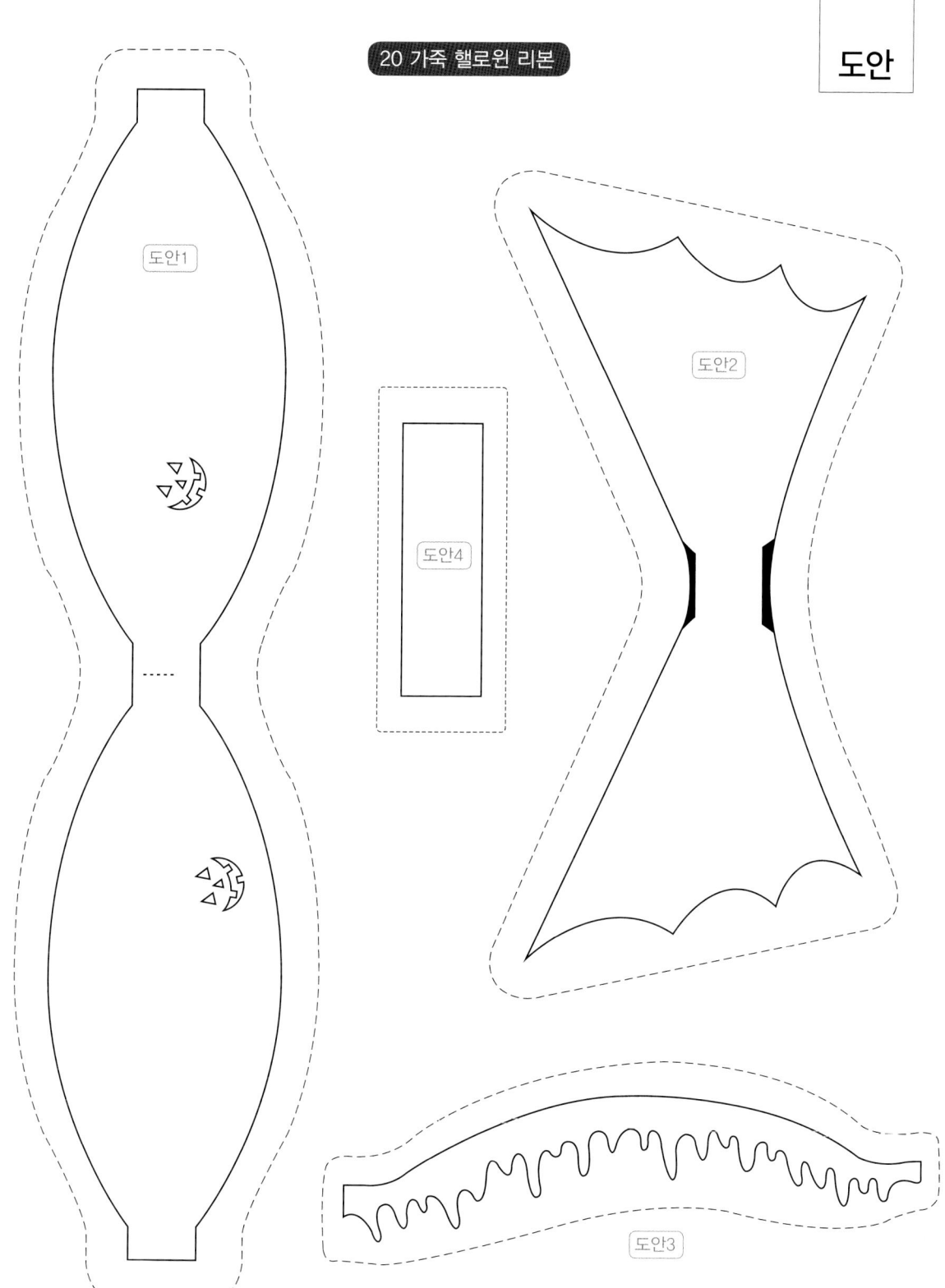